ÁRABE
VOCABULÁRIO

PORTUGUÊS BRASILEIRO

PORTUGUÊS
ÁRABE

Para alargar o seu léxico e apurar
as suas competências linguísticas

3000 palavras

Vocabulário Português Brasileiro-Árabe - 3000 palavras

Por Andrey Taranov

Os vocabulários da T&P Books destinam-se a ajudar a aprender, a memorizar, e a rever palavras estrangeiras. O dicionário é dividido em temas, cobrindo todas as principais esferas de atividades quotidianas, negócios, ciência, cultura, etc.

O processo de aprendizagem, utilizando os dicionários baseados em temáticas da T&P Books dá-lhe as seguintes vantagens:

* Informação de origem corretamente agrupada predetermina o sucesso em fases subsequentes da memorização de palavras
* Disponibilização de palavras derivadas da mesma raiz, o que permite a memorização de unidades de texto (em vez de palavras separadas)
* Pequenas unidades de palavras facilitam o processo de estabelecimento de vínculos associativos necessários para a consolidação do vocabulário
* O nível de conhecimento da língua pode ser estimado pelo número de palavras aprendidas

T&P Books Publishing
www.tpbooks.com

ISBN: 978-1-78767-407-3

Este livro também está disponível em formato E-book.
Por favor visite www.tpbooks.com ou as principais livrarias on-line.

VOCABULÁRIO ÁRABE
palavras mais úteis

Os vocabulários da T&P Books destinam-se a ajudar a aprender, a memorizar, e a rever palavras estrangeiras. O vocabulário contém mais de 3000 palavras de uso comum organizadas tematicamente.

O vocabulário contém as palavras mais comummente usadas
Recomendado como adicional para qualquer curso de línguas
Satisfaz as necessidades dos iniciados e dos alunos avançados de línguas estrangeiras
Conveniente para o uso diário, sessões de revisão e atividades de auto-teste
Permite avaliar o seu vocabulário

Características especias do vocabulário

- As palavras estão organizadas de acordo com o seu significado, e não por ordem alfabética
- As palavras são apresentadas em três colunas para facilitar os processos de revisão e auto-teste
- As palavras compostas são divididas em pequenos blocos para facilitar o processo de aprendizagem
- O vocabulário oferece uma transcrição simples e adequada de cada palavra estrangeira

O vocabulário contém 101 tópicos incluindo:

Conceitos básicos, Números, Cores, Meses, Estações do ano, Unidades de medida, Roupas & Acessórios, Alimentos & Nutrição, Restaurante, Membros da Família, Parentes, Caráter, Sentimentos, Emoções, Doenças, Cidade, Passeios, Compras, Dinheiro, Casa, Lar, Escritório, Trabalho no Escritório, Importação & Exportação, Marketing, Pesquisa de Emprego, Esportes, Educação, Computador, Internet, Ferramentas, Natureza, Países, Nacionalidades e muito mais …

TABELA DE CONTEÚDOS

GUIA DE PRONUNCIAÇÃO

Alfabeto fonético T&P **Exemplo Árabe** **Exemplo Português**

[a]	[ṭaffa] طَفَّى	chamar
[ā]	[iχtār] إختار	rapaz
[e]	[hamburger] هامبورجر	metal
[i]	[zifāf] زفاف	sinônimo
[ī]	[abrīl] أبريل	cair
[u]	[kalkutta] كلكتا	bonita
[ū]	[ʒāmūs] جاموس	trabalho
[b]	[bidāya] بداية	barril
[d]	[saʿāda] سعادة	dentista
[ḍ]	[waḍ'] وضع	[d] faringealizaçáda
[ʒ]	[arʒantīn] الأرجنتين	talvez
[ð]	[tiðkār] تذكار	[z] - fricativa dental sonora não-sibilante
[z]	[zahar] ظهر	[z] faringealizaçáda
[f]	[χafīf] خفيف	safári
[g]	[gūlf] جولف	gosto
[h]	[ittiʒāh] إتجاه	[h] aspirada
[ḥ]	[aḥabb] أحبّ	[h] faringealizaçáda
[y]	[ðahabiy] ذهبيّ	Vietnã
[k]	[kursiy] كرسيّ	aquilo
[l]	[lamaḥ] لمح	libra
[m]	[marṣad] مرصد	magnólia
[n]	[ʒanūb] جنوب	natureza
[p]	[kaputʃīnu] كابتشينو	presente
[q]	[waθiq] وثق	teckel
[r]	[rūḥ] روح	riscar
[s]	[suχriyya] سخريّة	sanita
[ṣ]	[mi'ṣam] معصم	[s] faringealizaçáda
[ʃ]	['aʃā'] عشاء	mês
[t]	[tannūb] تنّوب	tulipa
[ṭ]	[χarīṭa] خريطة	[t] faringealizaçáda
[θ]	[mamūθ] ماموث	[s] - fricativa dental surda não-sibilante
[v]	[vitnām] فيتنام	fava
[w]	[wadda'] ودّع	página web
[χ]	[baχīl] بخيل	fricativa uvular surda
[ɣ]	[taɣadda] تغدّى	agora

Alfabeto fonético T&P   **Exemplo Árabe**   **Exemplo Português**

[z]	[mã'iz] ماعز	sésamo
['] (ayn)	[sab'a] سبعة	fricativa faríngea sonora
['] (hamza)	[sa'al] سأل	oclusiva glotal

ABREVIATURAS
usadas no vocabulário

Abreviaturas do Árabe

du	-	substantivo plural (duplo)
f	-	nome feminino
m	-	nome masculino
pl	-	plural

Abreviaturas do Português

adj	-	adjetivo
adv	-	advérbio
anim.	-	animado
conj.	-	conjunção
desp.	-	esporte
etc.	-	Etcetera
ex.	-	por exemplo
f	-	nome feminino
f pl	-	feminino plural
fem.	-	feminino
inanim.	-	inanimado
m	-	nome masculino
m pl	-	masculino plural
m, f	-	masculino, feminino
masc.	-	masculino
mat.	-	matemática
mil.	-	militar
pl	-	plural
prep.	-	preposição
pron.	-	pronome
sb.	-	sobre
sing.	-	singular
v aux	-	verbo auxiliar
vi	-	verbo intransitivo
vi, vt	-	verbo intransitivo, transitivo
vr	-	verbo reflexivo
vt	-	verbo transitivo

CONCEITOS BÁSICOS

1. Pronomes

eu	ana	أنا
você (masc.)	anta	أنت
você (fem.)	anti	أنت
ele	huwa	هو
ela	hiya	هي
nós	naḥnu	نحن
vocês	antum	أنتم
eles, elas	hum	هم

2. Cumprimentos. Saudações

Olá!	as salāmu ʿalaykum!	السلام عليكم!
Bom dia!	ṣabāḥ al ҳayr!	صباح الخير!
Boa tarde!	nahārak saʿīd!	نهارك سعيد!
Boa noite!	masā' al ҳayr!	مساء الخير!
cumprimentar (vt)	sallam	سلّم
Oi!	salām!	سلام!
saudação (f)	salām (m)	سلام
saudar (vt)	sallam ʿala	سلّم على
Tudo bem?	kayfa ḥāluka?	كيف حالك؟
E aí, novidades?	ma aҳbārak?	ما أخبارك؟
Tchau! Até logo!	maʿ as salāma!	مع السلامة!
Até breve!	ilal liqā'!	إلى اللقاء!
Adeus!	maʿ as salāma!	مع السلامة!
despedir-se (dizer adeus)	waddaʿ	ودّع
Até mais!	bay bay!	باي باي!
Obrigado! -a!	ʃukran!	شكراً!
Muito obrigado! -a!	ʃukran ʒazīlan!	شكراً جزيلاً!
De nada	ʿafwan	عفواً
Não tem de quê	la ʃukr ʿala wāʒib	لا شكر على واجب
Não foi nada!	al ʿafw	العفو
Desculpa!	ʿan iðnak!	عن أذنك!
Desculpe!	ʿafwan!	عفواً!
desculpar (vt)	ʿaðar	عذر
desculpar-se (vr)	iʿtaðar	إعتذر
Me desculpe	ana 'āsif	أنا آسف
Desculpe!	la tu'āҳiðni!	لا تؤاخذني!
perdoar (vt)	ʿafa	عفا

por favor	min faḍlak	من فضلك
Não se esqueça!	la tansa!	لا تنس!
Com certeza!	ṭab'an!	طبعًا!
Claro que não!	abadan!	أبدًا!
Está bem! De acordo!	ittafaqna!	إتفقنا!
Chega!	kifāya!	كفاية!

3. Questões

Quem?	man?	من؟
O que?	māða?	ماذا؟
Onde?	ayna?	أين؟
Para onde?	ila ayna?	إلى أين؟
De onde?	min ayna?	من أين؟

Quando?	mata?	متى؟
Para quê?	li māða?	لماذا؟
Por quê?	li māða?	لماذا؟

Para quê?	li māða?	لماذا؟
Como?	kayfa?	كيف؟
Qual (~ é o problema?)	ay?	أي؟
Qual (~ deles?)	ay?	أي؟

A quem?	li man?	لمن؟
De quem?	'amman?	عمن؟
Do quê?	'amma?	عمّا؟
Com quem?	ma' man?	مع من؟

| Quanto, -os, -as? | kam? | كم؟ |
| De quem? (masc.) | li man? | لمن؟ |

4. Preposições

com (prep.)	ma'	مع
sem (prep.)	bi dūn	بدون
a, para (exprime lugar)	ila	إلى
sobre (ex. falar ~)	'an	عن

| antes de ... | qabl | قبل |
| em frente de ... | amām | أمام |

debaixo de ...	taḥt	تحت
sobre (em cima de)	fawq	فوق
em ..., sobre ...	'ala	على

| de, do (sou ~ Rio de Janeiro) | min | من |
| de (feito ~ pedra) | min | من |

| em (~ 3 dias) | ba'd | بعد |
| por cima de ... | 'abr | عبر |

5. Palavras funcionais. Advérbios. Parte 1

Onde?	ayna?	أين؟
aqui	huna	هنا
lá, ali	hunāk	هناك
em algum lugar	fi makānin ma	في مكان ما
em lugar nenhum	la fi ay makān	لا في أي مكان
perto de …	bi ʒānib	بجانب
perto da janela	bi ʒānib aʃ ʃubbāk	بجانب الشباك
Para onde?	ila ayna?	إلى أين؟
aqui	huna	هنا
para lá	hunāk	هناك
daqui	min huna	من هنا
de lá, dali	min hunāk	من هناك
perto	qarīban	قريبًا
longe	baʿīdan	بعيدًا
perto de …	ʿind	عند
à mão, perto	qarīban	قريبًا
não fica longe	ɣayr baʿīd	غير بعيد
esquerdo (adj)	al yasār	اليسار
à esquerda	ʿalaʃ ʃimāl	على الشمال
para a esquerda	ilaʃ ʃimāl	إلى الشمال
direito (adj)	al yamīn	اليمين
à direita	ʿalal yamīn	على اليمين
para a direita	llal yamīn	إلى اليمين
em frente	min al amām	من الأمام
da frente	amāmiy	أمامي
adiante (para a frente)	ilal amām	إلى الأمام
atrás de …	warāʾ	وراء
de trás	min al warāʾ	من الوراء
para trás	ilal warāʾ	إلى الوراء
meio (m), metade (f)	wasaṭ (m)	وسط
no meio	fil wasat	في الوسط
do lado	bi ʒānib	بجانب
em todo lugar	fi kull makān	في كل مكان
por todos os lados	ḥawl	حول
de dentro	min ad dāxil	من الداخل
para algum lugar	ila ayy makān	إلى أيّ مكان
diretamente	bi aqṣar ṭarīq	بأقصر طريق
de volta	ʾīyāban	إيابًا
de algum lugar	min ayy makān	من أي مكان
de algum lugar	min makānin ma	من مكان ما

em primeiro lugar	awwalan	أوَّلا
em segundo lugar	θāniyan	ثانيًا
em terceiro lugar	θāliθan	ثالثًا

de repente	faʒ'a	فجأة
no início	fil bidāya	في البداية
pela primeira vez	li 'awwal marra	لأوَّل مرَّة
muito antes de ...	qabl ... bi mudda ṭawīla	قبل...بمدَّة طويلة
de novo	min ʒadīd	من جديد
para sempre	ilal abad	إلى الأبد

nunca	abadan	أبدًا
de novo	min ʒadīd	من جديد
agora	al 'ān	الآن
frequentemente	kaθīran	كثيرًا
então	fi ðalika al waqt	في ذلك الوقت
urgentemente	'āʒilan	عاجلًا
normalmente	kal 'āda	كالعادة

a propósito, ...	'ala fikra ...	على فكرة...
é possível	min al mumkin	من الممكن
provavelmente	la'alla	لعلَّ
talvez	min al mumkin	من الممكن
além disso, ...	bil iḍāfa ila ðalik ...	بالإضافة إلى...
por isso ...	li ðalik	لذلك
apesar de ...	bir raɣm min ...	بالرغم من...
graças a ...	bi faḍl ...	بفضل...

que (pron.)	allaði	الذي
que (conj.)	anna	أنَّ
algo	ʃay' (m)	شيء
alguma coisa	ʃay' (m)	شيء
nada	la ʃay'	لا شيء

quem	allaði	الذي
alguém (~ que ...)	aḥad	أحد
alguém (com ~)	aḥad	أحد

ninguém	la aḥad	لا أحد
para lugar nenhum	la ila ay makān	لا إلى أي مكان
de ninguém	la yaxuṣṣ aḥad	لا يخصّ أحدًا
de alguém	li aḥad	لأحد

tão	hakaða	هكذا
também (gostaria ~ de ...)	kaðalika	كذلك
também (~ eu)	ayḍan	أيضًا

6. Palavras funcionais. Advérbios. Parte 2

Por quê?	li māða?	لماذا؟
por alguma razão	li sababin ma	لسبب ما
porque ...	li'anna ...	لأنَّ...
por qualquer razão	li amr mā	لأمر ما
e (tu ~ eu)	wa	و

ou (ser ~ não ser)	aw	أو
mas (porém)	lakin	لكن
para (~ a minha mãe)	li	لـ
muito, demais	kaθīran ʒiddan	كثير جداً
só, somente	faqaṭ	فقط
exatamente	biḍ ḍabṭ	بالضبط
cerca de (~ 10 kg)	naḥw	نحو
aproximadamente	taqrīban	تقريبًا
aproximado (adj)	taqrībiy	تقريبي
quase	taqrīban	تقريبًا
resto (m)	al bāqi (m)	الباقي
cada (adj)	kull	كلّ
qualquer (adj)	ayy	أيّ
muito, muitos, muitas	kaθīr	كثير
muitas pessoas	kaθīr min an nās	كثير من الناس
todos	kull an nās	كل الناس
em troca de ...	muqābil ...	مقابل...
em troca	muqābil	مقابل
à mão	bil yad	باليد
pouco provável	hayhāt	هيهات
provavelmente	la'alla	لعلّ
de propósito	qaṣdan	قصدا
por acidente	ṣudfa	صدفة
muito	ʒiddan	جدًا
por exemplo	maθalan	مثلا
entre	bayn	بين
entre (no meio de)	bayn	بين
tanto	haðihi al kammiyya	هذه الكمية
especialmente	χāṣṣa	خاصّة

NÚMEROS. DIVERSOS

7. Números cardinais. Parte 1

zero	șifr	صفر
um	wāḥid	واحد
uma	wāḥida	واحدة
dois	iθnān	إثنان
três	θalāθa	ثلاثة
quatro	arba'a	أربعة
cinco	xamsa	خمسة
seis	sitta	ستّة
sete	sab'a	سبعة
oito	θamāniya	ثمانية
nove	tis'a	تسعة
dez	'aʃara	عشرة
onze	aḥad 'aʃar	أحد عشر
doze	iθnā 'aʃar	إثنا عشر
treze	θalāθat 'aʃar	ثلاثة عشر
catorze	arba'at 'aʃar	أربعة عشر
quinze	xamsat 'aʃar	خمسة عشر
dezesseis	sittat 'aʃar	ستّة عشر
dezessete	sab'at 'aʃar	سبعة عشر
dezoito	θamāniyat 'aʃar	ثمانية عشر
dezenove	tis'at 'aʃar	تسعة عشر
vinte	'iʃrūn	عشرون
vinte e um	wāḥid wa 'iʃrūn	واحد وعشرون
vinte e dois	iθnān wa 'iʃrūn	إثنان وعشرون
vinte e três	θalāθa wa 'iʃrūn	ثلاثة وعشرون
trinta	θalāθīn	ثلاثون
trinta e um	wāḥid wa θalāθūn	واحد وثلاثون
trinta e dois	iθnān wa θalāθūn	إثنان وثلاثون
trinta e três	θalāθa wa θalāθūn	ثلاثة وثلاثون
quarenta	arba'ūn	أربعون
quarenta e um	wāḥid wa arba'ūn	واحد وأربعون
quarenta e dois	iθnān wa arba'ūn	إثنان وأربعون
quarenta e três	θalāθa wa arba'ūn	ثلاثة وأربعون
cinquenta	xamsūn	خمسون
cinquenta e um	wāḥid wa xamsūn	واحد وخمسون
cinquenta e dois	iθnān wa xamsūn	إثنان وخمسون
cinquenta e três	θalāθa wa xamsūn	ثلاثة وخمسون
sessenta	sittūn	ستّون
sessenta e um	wāḥid wa sittūn	واحد وستّون

sessenta e dois	iθnān wa sittūn	إثنان وستّون
sessenta e três	θalāθa wa sittūn	ثلاثة وستّون
setenta	sabʿūn	سبعون
setenta e um	wāḥid wa sabʿūn	واحد وسبعون
setenta e dois	iθnān wa sabʿūn	إثنان وسبعون
setenta e três	θalāθa wa sabʿūn	ثلاثة وسبعون
oitenta	θamānūn	ثمانون
oitenta e um	wāḥid wa θamānūn	واحد وثمانون
oitenta e dois	iθnān wa θamānūn	إثنان وثمانون
oitenta e três	θalāθa wa θamānūn	ثلاثة وثمانون
noventa	tisʿūn	تسعون
noventa e um	wāḥid wa tisʿūn	واحد وتسعون
noventa e dois	iθnān wa tisʿūn	إثنان وتسعون
noventa e três	θalāθa wa tisʿūn	ثلاثة وتسعون

8. Números cardinais. Parte 2

cem	mi'a	مائة
duzentos	mi'atān	مائتان
trezentos	θalāθumi'a	ثلاثمائة
quatrocentos	rubʿumi'a	أربعمائة
quinhentos	χamsumi'a	خمسمائة
seiscentos	sittumi'a	ستّمائة
setecentos	sabʿumi'a	سبعمائة
oitocentos	θamānimi'a	ثمانمائة
novecentos	tisʿumi'a	تسعمائة
mil	alf	ألف
dois mil	alfān	ألفان
três mil	θalāθat 'ālāf	ثلاثة آلاف
dez mil	ʿaʃarat 'ālāf	عشرة آلاف
cem mil	mi'at alf	مائة ألف
um milhão	milyūn (m)	مليون
um bilhão	milyār (m)	مليار

9. Números ordinais

primeiro (adj)	awwal	أوّل
segundo (adj)	θāni	ثان
terceiro (adj)	θāliθ	ثالث
quarto (adj)	rābiʿ	رابع
quinto (adj)	χāmis	خامس
sexto (adj)	sādis	سادس
sétimo (adj)	sābiʿ	سابع
oitavo (adj)	θāmin	ثامن
nono (adj)	tāsiʿ	تاسع
décimo (adj)	ʿāʃir	عاشر

CORES. UNIDADES DE MEDIDA

10. Cores

cor (f)	lawn (m)	لون
tom (m)	daraʒat al lawn (m)	درجة اللون
tonalidade (m)	ṣabɣit lūn (f)	لون
arco-íris (m)	qaws quzaḥ (m)	قوس قزح
branco (adj)	abyaḍ	أبيض
preto (adj)	aswad	أسود
cinza (adj)	ramādiy	رمادي
verde (adj)	axḍar	أخضر
amarelo (adj)	aṣfar	أصفر
vermelho (adj)	aḥmar	أحمر
azul (adj)	azraq	أزرق
azul claro (adj)	azraq fātiḥ	أزرق فاتح
rosa (adj)	wardiy	وردي
laranja (adj)	burtuqāliy	برتقالي
violeta (adj)	banafsaʒiy	بنفسجي
marrom (adj)	bunniy	بني
dourado (adj)	ðahabiy	ذهبي
prateado (adj)	fiḍḍiy	فضي
bege (adj)	bɛːʒ	بيج
creme (adj)	'āʒiy	عاجي
turquesa (adj)	fayrūziy	فيروزي
vermelho cereja (adj)	karaziy	كرزي
lilás (adj)	laylakiy	ليلكي
carmim (adj)	qirmiziy	قرمزي
claro (adj)	fātiḥ	فاتح
escuro (adj)	ɣāmiq	غامق
vivo (adj)	zāhi	زاه
de cor	mulawwan	ملون
a cores	mulawwan	ملون
preto e branco (adj)	abyaḍ wa aswad	أبيض وأسود
unicolor (de uma só cor)	waḥīd al lawn, sāda	وحيد اللون, سادة
multicolor (adj)	muta'addid al alwān	متعدد الألوان

11. Unidades de medida

peso (m)	wazn (m)	وزن
comprimento (m)	ṭūl (m)	طول

largura (f)	'arḍ (m)	عرض
altura (f)	irtifāʿ (m)	إرتفاع
profundidade (f)	ʿumq (m)	عمق
volume (m)	haʒm (m)	حجم
área (f)	misāḥa (f)	مساحة

grama (m)	grām (m)	جرام
miligrama (m)	milliɣrām (m)	مليغرام
quilograma (m)	kiluɣrām (m)	كيلوغرام
tonelada (f)	ṭunn (m)	طن
libra (453,6 gramas)	raṭl (m)	رطل
onça (f)	ūnṣa (f)	أونصة

metro (m)	mitr (m)	متر
milímetro (m)	millimitr (m)	مليمتر
centímetro (m)	santimitr (m)	سنتيمتر
quilômetro (m)	kilumitr (m)	كيلومتر
milha (f)	mīl (m)	ميل

polegada (f)	būṣa (f)	بوصة
pé (304,74 mm)	qadam (f)	قدم
jarda (914,383 mm)	yārda (f)	ياردة

| metro (m) quadrado | mitr murabbaʿ (m) | متر مربع |
| hectare (m) | hiktār (m) | هكتار |

litro (m)	litr (m)	لتر
grau (m)	daraʒa (f)	درجة
volt (m)	vūlt (m)	فولت
ampère (m)	ambīr (m)	أمبير
cavalo (m) de potência	hiṣān (m)	حصان

quantidade (f)	kammiyya (f)	كمية
um pouco de ...	qalīl ...	...قليل
metade (f)	niṣf (m)	نصف
dúzia (f)	iθnā ʿaʃar (f)	إثنا عشر
peça (f)	waḥda (f)	وحدة

| tamanho (m), dimensão (f) | haʒm (m) | حجم |
| escala (f) | miqyās (m) | مقياس |

mínimo (adj)	al adna	الأدنى
menor, mais pequeno	al aṣɣar	الأصغر
médio (adj)	mutawassiṭ	متوسط
máximo (adj)	al aqṣa	الأقصى
maior, mais grande	al akbar	الأكبر

12. Recipientes

pote (m) de vidro	barṭamān (m)	برطمان
lata (~ de cerveja)	tanaka (f)	تنكة
balde (m)	ʒardal (m)	جردل
barril (m)	barmīl (m)	برميل
bacia (~ de plástico)	ḥawḍ lil ɣasīl (m)	حوض للغسيل

tanque (m)	ӽazzān (m)	خزّان
cantil (m) de bolso	zamzamiyya (f)	زمزميّة
galão (m) de gasolina	ʒirikan (m)	جركن
cisterna (f)	ӽazzān (m)	خزّان

caneca (f)	māgg (m)	ماج
xícara (f)	finʒān (m)	فنجان
pires (m)	ṭabaq finʒān (m)	طبق فنجان
copo (m)	kubbāya (f)	كبّاية
taça (f) de vinho	ka's (f)	كأس
panela (f)	kassirūlla (f)	كاسرولة

garrafa (f)	zuʒāʒa (f)	زجاجة
gargalo (m)	'unq (m)	عنق

jarra (f)	dawraq zuʒāʒiy (m)	دورق زجاجيّ
jarro (m)	ibrīq (m)	إبريق
recipiente (m)	inā' (m)	إناء
pote (m)	aṣīṣ (m)	أصيص
vaso (m)	vāza (f)	فازة

frasco (~ de perfume)	zuʒāʒa (f)	زجاجة
frasquinho (m)	zuʒāʒa (f)	زجاجة
tubo (m)	umbūba (f)	أنبوبة

saco (ex. ~ de açúcar)	kīs (m)	كيس
sacola (~ plastica)	kīs (m)	كيس
maço (de cigarros, etc.)	'ulba (f)	علبة

caixa (~ de sapatos, etc.)	'ulba (f)	علبة
caixote (~ de madeira)	ṣundū' (m)	صندوق
cesto (m)	salla (f)	سلّة

VERBOS PRINCIPAIS

13. Os verbos mais importantes. Parte 1

abrir (vt)	fataḥ	فتح
acabar, terminar (vt)	atamm	أتمّ
aconselhar (vt)	naṣaḥ	نصح
adivinhar (vt)	χamman	خمّن
advertir (vt)	ḥaððar	حذّر
ajudar (vt)	sā'ad	ساعد
almoçar (vi)	taɣadda	تغدّى
alugar (~ um apartamento)	ista'ȝar	إستأجر
amar (pessoa)	aḥabb	أحبّ
ameaçar (vt)	haddad	هدّد
anotar (escrever)	katab	كتب
apressar-se (vr)	ista'ȝal	إستعجل
arrepender-se (vr)	nadim	ندم
assinar (vt)	waqqa'	وقّع
brincar (vi)	mazaḥ	مزح
brincar, jogar (vi, vt)	la'ib	لعب
buscar (vt)	baḥaθ	بحث
caçar (vi)	iṣṭād	إصطاد
cair (vi)	saqaṭ	سقط
cavar (vt)	ḥafar	حفر
chamar (~ por socorro)	istaɣāθ	إستغاث
chegar (vi)	waṣal	وصل
chorar (vi)	baka	بكى
começar (vt)	bada'	بدأ
comparar (vt)	qāran	قارن
concordar (dizer "sim")	ittafaq	إتّفق
confiar (vt)	waθiq	وثق
confundir (equivocar-se)	iχtalaṭ	إختلط
conhecer (vt)	'araf	عرف
contar (fazer contas)	'add	عدّ
contar com ...	i'tamad 'ala ...	إعتمد على...
continuar (vt)	istamarr	إستمرّ
controlar (vt)	taḥakkam	تحكّم
convidar (vt)	da'a	دعا
correr (vi)	ȝara	جرى
criar (vt)	χalaq	خلق
custar (vt)	kallaf	كلّف

14. Os verbos mais importantes. Parte 2

dar (vt)	a'ța	أعطى
dar uma dica	a'ța talmīḥ	أعطى تلميحًا
decorar (enfeitar)	zayyan	زيّن
defender (vt)	dāfa'	دافع
deixar cair (vt)	awqa'	أوقع
descer (para baixo)	nazil	نزل
desculpar-se (vr)	i'taðar	إعتذر
dirigir (~ uma empresa)	adār	أدار
discutir (notícias, etc.)	nāqaʃ	ناقش
disparar, atirar (vi)	aṭlaq an nār	أطلق النار
dizer (vt)	qāl	قال
duvidar (vt)	ʃakk fi	شكّ في
encontrar (achar)	waʒad	وجد
enganar (vt)	ҳada'	خدع
entender (vt)	fahim	فهم
entrar (na sala, etc.)	daҳal	دخل
enviar (uma carta)	arsal	أرسل
errar (enganar-se)	aҳṭa'	أخطأ
escolher (vt)	iҳtār	إختار
esconder (vt)	ҳaba'	خبأ
escrever (vt)	katab	كتب
esperar (aguardar)	intazar	إنتظر
esperar (ter esperança)	tamanna	تمنّى
esquecer (vt)	nasiy	نسي
estudar (vt)	daras	درس
exigir (vt)	ṭālib	طالب
existir (vi)	kān mawʒūd	كان موجودًا
explicar (vt)	ʃaraḥ	شرح
falar (vi)	takallam	تكلّم
faltar (a la escuela, etc.)	ɣāb	غاب
fazer (vt)	'amal	عمل
ficar em silêncio	sakat	سكت
gabar-se (vr)	tabāha	تباهى
gostar (apreciar)	a'ʒab	أعجب
gritar (vi)	ṣaraҳ	صرخ
guardar (fotos, etc.)	ḥafaẓ	حفظ
informar (vt)	aҳbar	أخبر
insistir (vi)	aṣarr	أصرّ
insultar (vt)	ahān	أهان
interessar-se (vr)	ihtamm	إهتمّ
ir (a pé)	maʃa	مشى
ir nadar	sabaḥ	سبح
jantar (vi)	ta'aʃʃa	تعشّى

15. Os verbos mais importantes. Parte 3

ler (vt)	qara'	قرأ
libertar, liberar (vt)	ḥarrar	حرر
matar (vt)	qatal	قتل
mencionar (vt)	ðakar	ذكر
mostrar (vt)	'araḍ	عرض
mudar (modificar)	ɣayyar	غيّر
nadar (vi)	sabaḥ	سبح
negar-se a ... (vr)	rafaḍ	رفض
objetar (vt)	i'taraḍ	إعترض
observar (vt)	rāqab	راقب
ordenar (mil.)	amar	أمر
ouvir (vt)	sami'	سمع
pagar (vt)	dafa'	دفع
parar (vi)	waqaf	وقف
parar, cessar (vt)	tawaqqaf	توقّف
participar (vi)	iʃtarak	إشترك
pedir (comida, etc.)	ṭalab	طلب
pedir (um favor, etc.)	ṭalab	طلب
pegar (tomar)	aχað	أخذ
pegar (uma bola)	amsak	أمسك
pensar (vi, vt)	ẓann	ظنّ
perceber (ver)	lāḥaẓ	لاحظ
perdoar (vt)	'afa	عفا
perguntar (vt)	sa'al	سأل
permitir (vt)	raχχaṣ	رخّص
pertencer a ... (vi)	χaṣṣ	خصّ
planejar (vt)	χaṭṭaṭ	خطّط
poder (~ fazer algo)	istaṭā'	إستطاع
possuir (uma casa, etc.)	malak	ملك
preferir (vt)	faḍḍal	فضّل
preparar (vt)	ḥaḍḍar	حضّر
prever (vt)	tanabba'	تنبّأ
prometer (vt)	wa'ad	وعد
pronunciar (vt)	naṭaq	نطق
propor (vt)	iqtaraḥ	إقترح
punir (castigar)	'āqab	عاقب
quebrar (vt)	kasar	كسر
queixar-se de ...	ʃaka	شكا
querer (desejar)	arād	أراد

16. Os verbos mais importantes. Parte 4

ralhar, repreender (vt)	wabbaχ	وبّخ
recomendar (vt)	naṣaḥ	نصح

repetir (dizer outra vez)	karrar	كـرّر
reservar (~ um quarto)	ḥaʒaz	حجز
responder (vt)	aʒāb	أجاب

rezar, orar (vi)	ṣalla	صلّى
rir (vi)	ḍaḥik	ضحك
roubar (vt)	saraq	سرق
saber (vt)	ʿaraf	عرف
sair (~ de casa)	χaraʒ	خرج

salvar (resgatar)	anqaḏ	أنقذ
seguir (~ alguém)	tabaʿ	تبع
sentar-se (vr)	ʒalas	جلس
ser necessário	kān maṭlūb	كان مطلوبا

ser, estar	kān	كان
significar (vt)	ʿana	عنى
sorrir (vi)	ibtasam	إبتسم
subestimar (vt)	istaχaff	إستخفّ
surpreender-se (vr)	indahaʃ	إندهش

tentar (~ fazer)	ḥāwal	حاول
ter (vt)	malak	ملك
ter fome	arād an yaʾkul	أراد أن يأكل

ter medo	χāf	خاف
ter sede	arād an yaʃrab	أراد أن يشرب
tocar (com as mãos)	lamas	لمس
tomar café da manhã	afṭar	أفطر
trabalhar (vi)	ʿamal	عمل
traduzir (vt)	tarʒam	ترجم

unir (vt)	waḥḥad	وحّد
vender (vt)	bāʿ	باع
ver (vt)	raʾa	رأى
virar (~ para a direita)	inʿaṭaf	إنعطف
voar (vi)	ṭār	طار

TEMPO. CALENDÁRIO

17. Dias da semana

segunda-feira (f)	yawm al iθnayn (m)	يوم الإثنين
terça-feira (f)	yawm aθ θulāθā' (m)	يوم الثلاثاء
quarta-feira (f)	yawm al arbi'ā' (m)	يوم الأربعاء
quinta-feira (f)	yawm al χamīs (m)	يوم الخميس
sexta-feira (f)	yawm al ʒum'a (m)	يوم الجمعة
sábado (m)	yawm as sabt (m)	يوم السبت
domingo (m)	yawm al aḥad (m)	يوم الأحد
hoje	al yawm	اليوم
amanhã	γadan	غدًا
depois de amanhã	ba'd γad	بعد غد
ontem	ams	أمس
anteontem	awwal ams	أول أمس
dia (m)	yawm (m)	يوم
dia (m) de trabalho	yawm 'amal (m)	يوم عمل
feriado (m)	yawm al 'uṭla ar rasmiyya (m)	يوم العطلة الرسمية
dia (m) de folga	yawm 'uṭla (m)	يوم عطلة
fim (m) de semana	ayyām al 'uṭla (pl)	أيام العطلة
o dia todo	ṭūl al yawm	طول اليوم
no dia seguinte	fil yawm at tāli	في اليوم التالي
há dois dias	min yawmayn	قبل يومين
na véspera	fil yawm as sābiq	في اليوم السابق
diário (adj)	yawmiy	يومي
todos os dias	yawmiyyan	يوميًا
semana (f)	usbū' (m)	أسبوع
na semana passada	fil isbū' al māḍi	في الأسبوع الماضي
semana que vem	fil isbū' al qādim	في الأسبوع القادم
semanal (adj)	usbū'iy	أسبوعي
toda semana	usbū'iyyan	أسبوعيًا
duas vezes por semana	marratayn fil usbū'	مرتين في الأسبوع
toda terça-feira	kull yawm aθ θulaθā'	كل يوم الثلاثاء

18. Horas. Dia e noite

manhã (f)	ṣabāḥ (m)	صباح
de manhã	fiṣ ṣabāḥ	في الصباح
meio-dia (m)	ẓuhr (m)	ظهر
à tarde	ba'd aẓ ẓuhr	بعد الظهر
tardinha (f)	masā' (m)	مساء
à tardinha	fil masā'	في المساء

noite (f)	layl (m)	ليل
à noite	bil layl	بالليل
meia-noite (f)	muntaṣif al layl (m)	منتصف الليل

segundo (m)	θāniya (f)	ثانية
minuto (m)	daqīqa (f)	دقيقة
hora (f)	sā'a (f)	ساعة
meia hora (f)	niṣf sā'a (m)	نصف ساعة
quarto (m) de hora	rub' sā'a (f)	ربع ساعة
quinze minutos	χamsat 'aʃar daqīqa	خمس عشرة دقيقة
vinte e quatro horas	yawm kāmil (m)	يوم كامل

nascer (m) do sol	ʃurūq aʃ ʃams (m)	شروق الشمس
amanhecer (m)	faӡr (m)	فجر
madrugada (f)	ṣabāḥ bākir (m)	صباح باكر
pôr-do-sol (m)	ɣurūb aʃ ʃams (m)	غروب الشمس

de madrugada	fis ṣabāḥ al bākir	في الصباح الباكر
esta manhã	al yawm fiṣ ṣabāḥ	اليوم في الصباح
amanhã de manhã	ɣadan fiṣ ṣabāḥ	غدًا في الصباح

esta tarde	al yawm ba'd aẓ ẓuhr	اليوم بعد الظهر
à tarde	ba'd aẓ ẓuhr	بعد الظهر
amanhã à tarde	ɣadan ba'd aẓ ẓuhr	غدًا بعد الظهر

| esta noite, hoje à noite | al yawm fil masā' | اليوم في المساء |
| amanhã à noite | ɣadan fil masā' | غدًا في المساء |

às três horas em ponto	fis sā'a aθ θāliθa tamāman	في الساعة الثالثة تماما
por volta das quatro	fis sā'a ar rābi'a taqrīban	في الساعة الرابعة تقريبا
às doze	ḥattas sā'a aθ θāniya 'aʃara	حتى الساعة الثانية عشرة
em vinte minutos	ba'd 'iʃrīn daqīqa	بعد عشرين دقيقة
em uma hora	ba'd sā'a	بعد ساعة
a tempo	fi maw'idih	في موعده

... um quarto para	illa rub'	إلا ربع
dentro de uma hora	ṭiwāl sā'a	طوال الساعة
a cada quinze minutos	kull rub' sā'a	كل ربع ساعة
as vinte e quatro horas	layl nahār	ليل نهار

19. Meses. Estações

janeiro (m)	yanāyir (m)	يناير
fevereiro (m)	fibrāyir (m)	فبراير
março (m)	māris (m)	مارس
abril (m)	abrīl (m)	أبريل
maio (m)	māyu (m)	مايو
junho (m)	yūnyu (m)	يونيو

julho (m)	yūlyu (m)	يوليو
agosto (m)	aɣusṭus (m)	أغسطس
setembro (m)	sibtambar (m)	سبتمبر
outubro (m)	uktūbir (m)	أكتوبر
novembro (m)	nuvimbar (m)	نوفمبر

dezembro (m)	disimbar (m)	ديسمبر
primavera (f)	rabī' (m)	ربيع
na primavera	fir rabī'	في الربيع
primaveril (adj)	rabī'iy	ربيعي

verão (m)	ṣayf (m)	صيف
no verão	fiṣ ṣayf	في الصيف
de verão	ṣayfiy	صيفي

outono (m)	χarīf (m)	خريف
no outono	fil χarīf	في الخريف
outonal (adj)	χarīfiy	خريفي

inverno (m)	ʃitā' (m)	شتاء
no inverno	fiʃ ʃitā'	في الشتاء
de inverno	ʃitawiy	شتوي

mês (m)	ʃahr (m)	شهر
este mês	fi haða aʃ ʃahr	في هذا الشهر
mês que vem	fiʃ ʃahr al qādim	في الشهر القادم
no mês passado	fiʃ ʃahr al māḍi	في الشهر الماضي
um mês atrás	qabl ʃahr	قبل شهر
em um mês	ba'd ʃahr	بعد شهر
em dois meses	ba'd ʃahrayn	بعد شهرين
todo o mês	ṭūl aʃ ʃahr	طول الشهر
um mês inteiro	ʃahr kāmil	شهر كامل

mensal (adj)	ʃahriy	شهري
mensalmente	kull ʃahr	كل شهر
todo mês	kull ʃahr	كل شهر
duas vezes por mês	marratayn fiʃ ʃahr	مرتين في الشهر

ano (m)	sana (f)	سنة
este ano	fi haðihi as sana	في هذه السنة
ano que vem	fis sana al qādima	في السنة القادمة
no ano passado	fis sana al māḍiya	في السنة الماضية

há um ano	qabla sana	قبل سنة
em um ano	ba'd sana	بعد سنة
dentro de dois anos	ba'd sanatayn	بعد سنتين
todo o ano	ṭūl as sana	طول السنة
um ano inteiro	sana kāmila	سنة كاملة

cada ano	kull sana	كل سنة
anual (adj)	sanawiy	سنوي
anualmente	kull sana	كل سنة
quatro vezes por ano	arba' marrāt fis sana	أربع مرات في السنة

data (~ de hoje)	tarīχ (m)	تاريخ
data (ex. ~ de nascimento)	tarīχ (m)	تاريخ
calendário (m)	taqwīm (m)	تقويم

meio ano	niṣf sana (m)	نصف سنة
seis meses	niṣf sana (m)	نصف سنة
estação (f)	faṣl (m)	فصل
século (m)	qarn (m)	قرن

VIAGENS. HOTEL

20. Viagens

turismo (m)	siyāḥa (f)	سياحة
turista (m)	sā'iḥ (m)	سائح
viagem (f)	riḥla (f)	رحلة
aventura (f)	muɣāmara (f)	مغامرة
percurso (curta viagem)	riḥla (f)	رحلة
férias (f pl)	'uṭla (f)	عطلة
estar de férias	'indahu 'uṭla	عنده عطلة
descanso (m)	istirāḥa (f)	إستراحة
trem (m)	qiṭār (m)	قطار
de trem (chegar ~)	bil qiṭār	بالقطار
avião (m)	ṭā'ira (f)	طائرة
de avião	biṭ ṭā'ira	بالطائرة
de carro	bis sayyāra	بالسيّارة
de navio	bis safīna	بالسفينة
bagagem (f)	aʃ ʃunaṭ (pl)	الشنط
mala (f)	ḥaqībat safar (f)	حقيبة سفر
carrinho (m)	'arabat ʃunaṭ (f)	عربة شنط
passaporte (m)	ʒawāz as safar (m)	جواز السفر
visto (m)	ta'ʃīra (f)	تأشيرة
passagem (f)	taðkira (f)	تذكرة
passagem (f) aérea	taðkirat ṭā'ira (f)	تذكرة طائرة
guia (m) de viagem	dalīl (m)	دليل
mapa (m)	xarīṭa (f)	خريطة
área (f)	mintaqa (f)	منطقة
lugar (m)	makān (m)	مكان
exotismo (m)	ɣarāba (f)	غرابة
exótico (adj)	ɣarīb	غريب
surpreendente (adj)	mudhiʃ	مدهش
grupo (m)	maʒmū'a (f)	مجموعة
excursão (f)	ʒawla (f)	جولة
guia (m)	murʃid (m)	مرشد

21. Hotel

hotel (m)	funduq (m)	فندق
motel (m)	mutīl (m)	موتيل
três estrelas	θalāθat nuʒūm	ثلاثة نجوم

cinco estrelas	χamsat nuӡūm	خمسة نجوم
ficar (vi, vt)	nazal	نزل

quarto (m)	ɣurfa (f)	غرفة
quarto (m) individual	ɣurfa li ʃaχṣ wāḥid (f)	غرفة لشخص واحد
quarto (m) duplo	ɣurfa li ʃaχṣayn (f)	غرفة لشخصين
reservar um quarto	ḥaӡaz ɣurfa	حجز غرفة

meia pensão (f)	waӡbitān fil yawm (du)	وجبتان في اليوم
pensão (f) completa	θalāθ waӡabāt fil yawm	ثلاث وجبات في اليوم

com banheira	bi ḥawḍ al istiḥmām	بحوض الإستحمام
com chuveiro	bid duʃ	بالدوش
televisão (m) por satélite	tilivizyūn faḍāʾiy (m)	تلفزيون فضائيّ
ar (m) condicionado	takyīf (m)	تكييف
toalha (f)	fūṭa (f)	فوطة
chave (f)	miftāḥ (m)	مفتاح

administrador (m)	mudīr (m)	مدير
camareira (f)	ʿāmilat tanӡīf ɣuraf (f)	عاملة تنظيف غرف
bagageiro (m)	ḥammāl (m)	حمّال
porteiro (m)	bawwāb (m)	بوّاب

restaurante (m)	maṭʿam (m)	مطعم
bar (m)	bār (m)	بار
café (m) da manhã	fuṭūr (m)	فطور
jantar (m)	ʿaʃāʾ (m)	عشاء
bufê (m)	bufīh (m)	بوفيه

saguão (m)	radha (f)	ردهة
elevador (m)	miṣʿad (m)	مصعد

NÃO PERTURBE	ar raӡāʾ ʿadam al izʿāӡ	الرجاء عدم الإزعاج
PROIBIDO FUMAR!	mamnūʿ at tadχīn	ممنوع التدخين

22. Turismo

monumento (m)	timθāl (m)	تمثال
fortaleza (f)	qalʿa (f), ḥiṣn (m)	قلعة، حصن
palácio (m)	qaṣr (m)	قصر
castelo (m)	qalʿa (f)	قلعة
torre (f)	burӡ (m)	برج
mausoléu (m)	ḍarīḥ (m)	ضريح

arquitetura (f)	handasa miʿmāriyya (f)	هندسة معماريّة
medieval (adj)	min al qurūn al wusṭa	من القرون الوسطى
antigo (adj)	qadīm	قديم
nacional (adj)	waṭaniy	وطنيّ
famoso, conhecido (adj)	maʃhūr	مشهور

turista (m)	sāʾiḥ (m)	سائح
guia (pessoa)	murʃid (m)	مرشد
excursão (f)	ӡawla (f)	جولة
mostrar (vt)	ʿaraḍ	عرض

contar (vt)	ḥaddaθ	حدّث
encontrar (vt)	waʒad	وجد
perder-se (vr)	ḍāʿ	ضاع
mapa (~ do metrô)	χarīṭa (f)	خريطة
mapa (~ da cidade)	χarīṭa (f)	خريطة
lembrança (f), presente (m)	tiðkār (m)	تذكار
loja (f) de presentes	maḥall hadāya (m)	محلّ هدايا
tirar fotos, fotografar	ṣawwar	صوّر
fotografar-se (vr)	taṣawwar	تصوّر

TRANSPORTES

23. Aeroporto

aeroporto (m)	maṭār (m)	مطار
avião (m)	ṭā'ira (f)	طائرة
companhia (f) aérea	ʃarikat ṭayarān (f)	شركة طيران
controlador (m)	marāqib al ḥaraka	مراقب الحركة الجويّة
de tráfego aéreo	al ʒawwiyya (pl)	

partida (f)	muɣādara (f)	مغادرة
chegada (f)	wuṣūl (m)	وصول
chegar (vi)	waṣal	وصل

hora (f) de partida	waqt al muɣādara (m)	وقت المغادرة
hora (f) de chegada	waqt al wuṣūl (m)	وقت الوصول

estar atrasado	ta'axxar	تأخّر
atraso (m) de voo	ta'axxur ar riḥla (m)	تأخّر الرحلة

painel (m) de informação	lawḥat al maʿlūmāt (f)	لوحة المعلومات
informação (f)	istiʿlāmāt (pl)	إستعلامات
anunciar (vt)	aʿlan	أعلن
voo (m)	riḥla (f)	رحلة

alfândega (f)	ʒamārik (pl)	جمارك
funcionário (m) da alfândega	muwazzaf al ʒamārik (m)	موظّف الجمارك

declaração (f) alfandegária	taṣrīḥ ʒumrukiy (m)	تصريح جمركيّ
preencher (vt)	mala'	ملأ
preencher a declaração	mala' at taṣrīḥ	ملأ التصريح
controle (m) de passaporte	taftīʃ al ʒawāzāt (m)	تفتيش الجوازات

bagagem (f)	aʃ ʃunaṭ (pl)	الشنط
bagagem (f) de mão	ʃunaṭ al yad (pl)	شنط اليد
carrinho (m)	ʿarabat ʃunaṭ (f)	عربة شنط

pouso (m)	hubūṭ (m)	هبوط
pista (f) de pouso	mamarr al hubūṭ (m)	ممرّ الهبوط
aterrissar (vi)	habaṭ	هبط
escada (f) de avião	sullam aṭ ṭā'ira (m)	سلّم الطائرة

check-in (m)	tasʒīl (m)	تسجيل
balcão (m) do check-in	makān at tasʒīl (m)	مكان التسجيل
fazer o check-in	saʒʒal	سجّل
cartão (m) de embarque	biṭāqat ṣuʿūd (f)	بطاقة صعود
portão (m) de embarque	bawwābat al muɣādara (f)	بوّابة المغادرة

trânsito (m)	tranzīt (m)	ترانزيت
esperar (vi, vt)	intazar	إنتظر

sala (f) de espera	qā'at al muɣādara (f)	قاعة المغادرة
despedir-se (acompanhar)	wadda'	ودّع
despedir-se (dizer adeus)	wadda'	ودّع

24. Avião

avião (m)	țā'ira (f)	طائرة
passagem (f) aérea	taðkirat țā'ira (f)	تذكرة طائرة
companhia (f) aérea	ʃarikat țayarān (f)	شركة طيران
aeroporto (m)	mațār (m)	مطار
supersônico (adj)	ҳāriq liʃ ṣawt	خارق للصوت

comandante (m) do avião	qā'id aț țā'ira (m)	قائد الطائرة
tripulação (f)	țāqim (m)	طاقم
piloto (m)	țayyār (m)	طيّار
aeromoça (f)	muḍīfat țayarān (f)	مضيفة طيران
copiloto (m)	mallāḥ (m)	ملّاح

asas (f pl)	aʒniḥa (pl)	أجنحة
cauda (f)	ðayl (m)	ذيل
cabine (f)	kabīna (f)	كابينة
motor (m)	mutūr (m)	موتور

trem (m) de pouso	'aʒalāt al hubūț (pl)	عجلات الهبوط
turbina (f)	turbīna (f)	تربينة

hélice (f)	mirwaḥa (f)	مروحة
caixa-preta (f)	musaʒʒil aț țayarān (m)	مسجّل الطيران

coluna (f) de controle	'aʒalat qiyāda (f)	عجلة قيادة
combustível (m)	wuqūd (m)	وقود

instruções (f pl) de segurança	bițāqat as salāma (f)	بطاقة السلامة
máscara (f) de oxigênio	qinā' uksiʒīn (m)	قناع أوكسيجين
uniforme (m)	libās muwaḥḥad (m)	لباس موحّد

colete (m) salva-vidas	sutrat naʒāt (f)	سترة نجاة
paraquedas (m)	mizallat hubūț (f)	مظلّة هبوط

decolagem (f)	iqlā' (m)	إقلاع
descolar (vi)	aqla'at	أقلعت
pista (f) de decolagem	madraʒ aț țā'irāt (m)	مدرج الطائرات

visibilidade (f)	ru'ya (f)	رؤية
voo (m)	țayarān (m)	طيران

altura (f)	irtifā' (m)	إرتفاع
poço (m) de ar	ʒayb hawā'iy (m)	جيب هوائيّ

assento (m)	maq'ad (m)	مقعد
fone (m) de ouvido	sammā'āt ra'siya (pl)	سمّاعات رأسيّة
mesa (f) retrátil	ṣīniyya qābila liț țayy (f)	صينية قابلة للطيّ
janela (f)	ʃubbāk aț țā'ira (m)	شبّاك الطائرة
corredor (m)	mamarr (m)	ممرّ

25. Comboio

trem (m)	qiṭār (m)	قطار
trem (m) elétrico	qiṭār (m)	قطار
trem (m)	qiṭār sarī' (m)	قطار سريع
locomotiva (f) diesel	qāṭirat dīzil (f)	قاطرة ديزل
locomotiva (f) a vapor	qāṭira buxāriyya (f)	قاطرة بخارية
vagão (f) de passageiros	'araba (f)	عربة
vagão-restaurante (m)	'arabat al maṭ'am (f)	عربة المطعم
carris (m pl)	quḍubān (pl)	قضبان
estrada (f) de ferro	sikka ḥadīdiyya (f)	سكة حديدية
travessa (f)	'āriḍa (f)	عارضة
plataforma (f)	raṣīf (m)	رصيف
linha (f)	xaṭṭ (m)	خط
semáforo (m)	simafūr (m)	سيمافور
estação (f)	maḥaṭṭa (f)	محطة
maquinista (m)	sā'iq (m)	سائق
bagageiro (m)	ḥammāl (m)	حمّال
hospedeiro, -a (m, f)	mas'ūl 'arabat al qiṭār (m)	مسؤول عربة القطار
passageiro (m)	rākib (m)	راكب
revisor (m)	kamsariy (m)	كمسري
corredor (m)	mamarr (m)	ممرّ
freio (m) de emergência	farāmil aṭ ṭawāri' (pl)	فرامل الطوارئ
compartimento (m)	yurfa (f)	غرفة
cama (f)	sarīr (m)	سرير
cama (f) de cima	sarīr 'ulwiy (m)	سرير علوي
cama (f) de baixo	sarīr sufliy (m)	سرير سفلي
roupa (f) de cama	ayṭiyat as sarīr (pl)	أغطية السرير
passagem (f)	taðkira (f)	تذكرة
horário (m)	ʒadwal (m)	جدول
painel (m) de informação	lawḥat ma'lūmāt (f)	لوحة معلومات
partir (vt)	yādar	غادر
partida (f)	muyādara (f)	مغادرة
chegar (vi)	waṣal	وصل
chegada (f)	wuṣūl (m)	وصول
chegar de trem	waṣal bil qiṭār	وصل بالقطار
pegar o trem	rakib al qiṭār	ركب القطار
descer de trem	nazil min al qiṭār	نزل من القطار
acidente (m) ferroviário	ḥiṭām qiṭār (m)	حطام قطار
descarrilar (vi)	xaraʒ 'an xaṭṭ sayrih	خرج عن خط سيره
locomotiva (f) a vapor	qāṭira buxāriyya (f)	قاطرة بخارية
foguista (m)	'ataʃʒiy (m)	عطشجي
fornalha (f)	furn al muḥarrik (m)	فرن المحرّك
carvão (m)	faḥm (m)	فحم

26. Barco

| navio (m) | safīna (f) | سفينة |
| embarcação (f) | safīna (f) | سفينة |

barco (m) a vapor	bāخira (f)	باخرة
barco (m) fluvial	bāخira nahriyya (f)	باخرة نهرية
transatlântico (m)	bāخira siyahiyya (f)	باخرة سياحية
cruzeiro (m)	ṭarrād (m)	طرّاد

iate (m)	yaخt (m)	يخت
rebocador (m)	qāṭira (f)	قاطرة
barcaça (f)	ṣandal (m)	صندل
ferry (m)	'abbāra (f)	عبّارة

| veleiro (m) | safīna ʃirā'iyya (m) | سفينة شراعية |
| bergantim (m) | markab ʃirā'iy (m) | مركب شراعي |

| quebra-gelo (m) | muhaṭṭimat ʒalīd (f) | محطّمة جليد |
| submarino (m) | ɣawwāṣa (f) | غوّاصة |

bote, barco (m)	markab (m)	مركب
baleeira (bote salva-vidas)	zawraq (m)	زورق
bote (m) salva-vidas	qārib naʒāt (m)	قارب نجاة
lancha (f)	lanʃ (m)	لنش

capitão (m)	qubṭān (m)	قبطان
marinheiro (m)	bahhār (m)	بحّار
marujo (m)	bahhār (m)	بحّار
tripulação (f)	ṭāqim (m)	طاقم

contramestre (m)	raʾīs al bahhāra (m)	رئيس البحّارة
grumete (m)	ṣabiy as safīna (m)	صبي السفينة
cozinheiro (m) de bordo	ṭabbāخ (m)	طبّاخ
médico (m) de bordo	ṭabīb as safīna (m)	طبيب السفينة

convés (m)	saṭh as safīna (m)	سطح السفينة
mastro (m)	sāriya (f)	سارية
vela (f)	ʃirā' (m)	شراع

porão (m)	'ambar (m)	عنبر
proa (f)	muqaddama (m)	مقدّمة
popa (f)	mu'aخirat as safīna (f)	مؤخرة السفينة
remo (m)	miʒðāf (m)	مجذاف
hélice (f)	mirwaha (f)	مروحة

cabine (m)	kabīna (f)	كابينة
sala (f) dos oficiais	ɣurfat al istirāha (f)	غرفة الإستراحة
sala (f) das máquinas	qism al 'ālāt (m)	قسم الآلات
ponte (m) de comando	burʒ al qiyāda (m)	برج القيادة
sala (f) de comunicações	ɣurfat al lāsilkiy (f)	غرفة اللاسلكي
onda (f)	mawʒa (f)	موجة
diário (m) de bordo	siʒil as safīna (m)	سجل السفينة
luneta (f)	minzār (m)	منظار
sino (m)	ʒaras (m)	جرس

34

bandeira (f)	'alam (m)	علم
cabo (m)	ḥabl (m)	حبل
nó (m)	'uqda (f)	عقدة
corrimão (m)	drabizīn (m)	درابزين
prancha (f) de embarque	sullam (m)	سلّم
âncora (f)	mirsāt (f)	مرساة
recolher a âncora	rafa' mirsāt	رفع مرساة
jogar a âncora	rasa	رسا
amarra (corrente de âncora)	silsilat mirsāt (f)	سلسلة مرساة
porto (m)	mīnā' (m)	ميناء
cais, amarradouro (m)	marsa (m)	مرسى
atracar (vi)	rasa	رسا
desatracar (vi)	aqla'	أقلع
viagem (f)	riḥla (f)	رحلة
cruzeiro (m)	riḥla baḥriyya (f)	رحلة بحرية
rumo (m)	masār (m)	مسار
itinerário (m)	ṭarīq (m)	طريق
canal (m) de navegação	maзra milāḥiy (m)	مجرى ملاحيّ
banco (m) de areia	miyāh ḍaḥla (f)	مياه ضحلة
encalhar (vt)	зanaḥ	جنح
tempestade (f)	'āṣifa (f)	عاصفة
sinal (m)	iʃāra (f)	إشارة
afundar-se (vr)	γariq	غرق
Homem ao mar!	saqaṭ raзul min as safīna!	سقط رجل من السفينة!
SOS	nidā' iγāθa (m)	نداء إغاثة
boia (f) salva-vidas	ṭawq naзāt (m)	طوق نجاة

CIDADE

27. Transportes urbanos

ônibus (m)	bāṣ (m)	باص
bonde (m) elétrico	trām (m)	ترام
trólebus (m)	truli bāṣ (m)	ترولي باص
rota (f), itinerário (m)	xaṭṭ (m)	خط
número (m)	raqm (m)	رقم

ir de ... (carro, etc.)	rakib ...	ركب...
entrar no ...	rakib	ركب
descer do ...	nazil min	نزل من

parada (f)	mawqif (m)	موقف
próxima parada (f)	al maḥaṭṭa al qādima (f)	المحطة القادمة
terminal (m)	āxir maḥaṭṭa (f)	آخر محطة
horário (m)	ʒadwal (m)	جدول
esperar (vt)	inṭazar	إنتظر

passagem (f)	taðkira (f)	تذكرة
tarifa (f)	uʒra (f)	أجرة

bilheteiro (m)	ṣarrāf (m)	صرّاف
controle (m) de passagens	taftīʃ taðkira (m)	تفتيش تذكرة
revisor (m)	mufattiʃ taðākir (m)	مفتش تذاكر

atrasar-se (vr)	ta'axxar	تأخّر
perder (o autocarro, etc.)	ta'axxar	تأخّر
estar com pressa	istaʿʒal	إستعجل

táxi (m)	taksi (m)	تاكسي
taxista (m)	sā'iq taksi (m)	سائق تاكسي
de táxi (ir ~)	bit taksi	بالتاكسي
ponto (m) de táxis	mawqif taksi (m)	موقف تاكسي
chamar um táxi	kallam tāksi	كلّم تاكسي
pegar um táxi	axað taksi	أخذ تاكسي

tráfego (m)	ḥarakat al murūr (f)	حركة المرور
engarrafamento (m)	zaḥmat al murūr (f)	زحمة المرور
horas (f pl) de pico	sā'at að ðurwa (f)	ساعة الذروة
estacionar (vi)	awqaf	أوقف
estacionar (vt)	awqaf	أوقف
parque (m) de estacionamento	mawqif as sayyārāt (m)	موقف السيارات

metrô (m)	mitru (m)	مترو
estação (f)	maḥaṭṭa (f)	محطة
ir de metrô	rakib al mitru	ركب المترو
trem (m)	qiṭār (m)	قطار
estação (f) de trem	maḥaṭṭat qiṭār (f)	محطة قطار

28. Cidade. Vida na cidade

cidade (f)	madīna (f)	مدينة
capital (f)	'āṣima (f)	عاصمة
aldeia (f)	qarya (f)	قرية

mapa (m) da cidade	xarīṭat al madīna (f)	خريطة المدينة
centro (m) da cidade	markaz al madīna (m)	مركز المدينة
subúrbio (m)	ḍāḥiya (f)	ضاحية
suburbano (adj)	aḍ ḍawāḥi	الضواحي

periferia (f)	aṭrāf al madīna (pl)	أطراف المدينة
arredores (m pl)	ḍawāḥi al madīna (pl)	ضواحي المدينة
quarteirão (m)	ḥayy (m)	حي
quarteirão (m) residencial	ḥayy sakaniy (m)	حي سكني

tráfego (m)	ḥarakat al murūr (f)	حركة المرور
semáforo (m)	iʃārāt al murūr (pl)	إشارات المرور
transporte (m) público	wasā'il an naql (pl)	وسائل النقل
cruzamento (m)	taqāṭuʿ (m)	تقاطع

faixa (f)	maʿbar al muʃāt (m)	معبر المشاة
túnel (m) subterrâneo	nafaq muʃāt (m)	نفق مشاة
cruzar, atravessar (vt)	ʿabar	عبر
pedestre (m)	māʃi (m)	ماش
calçada (f)	raṣīf (m)	رصيف

ponte (f)	ʒisr (m)	جسر
margem (f) do rio	kurnīʃ (m)	كورنيش
fonte (f)	nāfūra (f)	نافورة

alameda (f)	mamʃa (m)	ممشى
parque (m)	ḥadīqa (f)	حديقة
bulevar (m)	bulvār (m)	بولفار
praça (f)	maydān (m)	ميدان
avenida (f)	ʃāriʿ (m)	شارع
rua (f)	ʃāriʿ (m)	شارع
travessa (f)	zuqāq (m)	زقاق
beco (m) sem saída	ṭarīq masdūd (m)	طريق مسدود

casa (f)	bayt (m)	بيت
edifício, prédio (m)	mabna (m)	مبنى
arranha-céu (m)	nāṭiḥat saḥāb (f)	ناطحة سحاب

fachada (f)	wāʒiha (f)	واجهة
telhado (m)	saqf (m)	سقف
janela (f)	ʃubbāk (m)	شباك
arco (m)	qaws (m)	قوس
coluna (f)	ʿamūd (m)	عمود
esquina (f)	zāwiya (f)	زاوية

vitrine (f)	vatrīna (f)	فترينة
letreiro (m)	lāfita (f)	لافتة
cartaz (do filme, etc.)	mulṣaq (m)	ملصق
cartaz (m) publicitário	mulṣaq iʿlāniy (m)	ملصق إعلاني

painel (m) publicitário	lawḥat iʿlānāt (f)	لوحة إعلانات
lixo (m)	zubāla (f)	زبالة
lata (f) de lixo	ṣundūq zubāla (m)	صندوق زبالة
jogar lixo na rua	rama zubāla	رمى زبالة
aterro (m) sanitário	mazbala (f)	مزبلة

orelhão (m)	kuʃk tilifūn (m)	كشك تليفون
poste (m) de luz	ʿamūd al miṣbāḥ (m)	عمود المصباح
banco (m)	dikka (f), kursiy (m)	دكة, كرسي

polícia (m)	ʃurṭiy (m)	شرطي
polícia (instituição)	ʃurṭa (f)	شرطة
mendigo, pedinte (m)	ʃaḥḥāð (m)	شحّاذ
desabrigado (m)	mutaʃarrid (m)	متشرّد

29. Instituições urbanas

loja (f)	maḥall (m)	محلّ
drogaria (f)	ṣaydaliyya (f)	صيدليّة
ótica (f)	al adawāt al baṣariyya (pl)	الأدوات البصريّة
centro (m) comercial	markaz tiʒāriy (m)	مركز تجاري
supermercado (m)	subirmarkit (m)	سوبرماركت

padaria (f)	maxbaz (m)	مخبز
padeiro (m)	xabbāz (m)	خبّاز
pastelaria (f)	dukkān ḥalawāniy (m)	دكّان حلواني
mercearia (f)	baqqāla (f)	بقّالة
açougue (m)	malḥama (f)	ملحمة

fruteira (f)	dukkān xuḍār (m)	دكّان خضار
mercado (m)	sūq (f)	سوق

cafeteria (f)	kafé (m), maqha (m)	كافيه, مقهى
restaurante (m)	maṭʿam (m)	مطعم
bar (m)	ḥāna (f)	حانة
pizzaria (f)	maṭʿam pizza (m)	مطعم بيتزا

salão (m) de cabeleireiro	ṣālūn ḥilāqa (m)	صالون حلاقة
agência (f) dos correios	maktab al barīd (m)	مكتب البريد
lavanderia (f)	tanẓīf ʒāff (m)	تنظيف جافّ
estúdio (m) fotográfico	istūdiyu taṣwīr (m)	إستوديو تصوير

sapataria (f)	maḥall aḥðiya (m)	محلّ أحذية
livraria (f)	maḥall kutub (m)	محلّ كتب
loja (f) de artigos esportivos	maḥall riyāḍiy (m)	محلّ رياضي

costureira (m)	maḥall xiyāṭat malābis (m)	محلّ خياطة ملابس
aluguel (m) de roupa	maḥall taʾʒīr malābis rasmiyya (m)	محلّ تأجير ملابس رسمية

videolocadora (f)	maḥal taʾʒīr vidiyu (m)	محلّ تأجير فيديو

circo (m)	sirk (m)	سيرك
jardim (m) zoológico	ḥadīqat al ḥayawān (f)	حديقة حيوان
cinema (m)	sinima (f)	سينما

museu (m)	maṭḥaf (m)	متحف
biblioteca (f)	maktaba (f)	مكتبة
teatro (m)	masraḥ (m)	مسرح
ópera (f)	ubra (f)	أوبرا
boate (casa noturna)	malha layliy (m)	ملهى ليليّ
cassino (m)	kazinu (m)	كازينو
mesquita (f)	masʒid (m)	مسجد
sinagoga (f)	kanīs maʻbad yahūdiy (m)	كنيس معبد يهوديّ
catedral (f)	katidrāʼiyya (f)	كاتدرائيّة
templo (m)	maʻbad (m)	معبد
igreja (f)	kanīsa (f)	كنيسة
faculdade (f)	kulliyya (m)	كلّيّة
universidade (f)	ʒāmiʻa (f)	جامعة
escola (f)	madrasa (f)	مدرسة
prefeitura (f)	muqāṭaʻa (f)	مقاطعة
câmara (f) municipal	baladiyya (f)	بلديّة
hotel (m)	funduq (m)	فندق
banco (m)	bank (m)	بنك
embaixada (f)	safāra (f)	سفارة
agência (f) de viagens	ʃarikat siyāḥa (f)	شركة سياحة
agência (f) de informações	maktab al istiʻlāmāt (m)	مكتب الإستعلامات
casa (f) de câmbio	ṣarrāfa (f)	صرّافة
metrô (m)	mitru (m)	مترو
hospital (m)	mustaʃfa (m)	مستشفى
posto (m) de gasolina	maḥaṭṭat banzīn (f)	محطّة بنزين
parque (m) de estacionamento	mawqif as sayyārāt (m)	موقف السيّارات

30. Sinais

letreiro (m)	lāfita (f)	لافتة
aviso (m)	bayān (m)	بيان
cartaz, pôster (m)	mulṣaq iʻlāniy (m)	ملصق إعلانيّ
placa (f) de direção	ʻalāmat ittiʒāh (f)	علامة إتّجاه
seta (f)	ʻalāmat iʃāra (f)	علامة إشارة
aviso (advertência)	taḥðīr (m)	تحذير
sinal (m) de aviso	lāfitat taḥðīr (f)	لافتة تحذير
avisar, advertir (vt)	ḥaððar	حذّر
dia (m) de folga	yawm ʻuṭla (m)	يوم عطلة
horário (~ dos trens, etc.)	ʒadwal (m)	جدول
horário (m)	awqāt al ʻamal (pl)	أوقات العمل
BEM-VINDOS!	ahlan wa sahlan!	أهلًا وسهلًا
ENTRADA	duχūl	دخول
SAÍDA	χurūʒ	خروج
EMPURRE	idfaʻ	إدفع

PUXE	ishab	إسحب
ABERTO	maftūḥ	مفتوح
FECHADO	muɣlaq	مغلق

| MULHER | lis sayyidāt | للسيدات |
| HOMEM | lir riȝāl | للرجال |

DESCONTOS	χaṣm	خصم
SALDOS, PROMOÇÃO	taχfīḍāt	تخفيضات
NOVIDADE!	ȝadīd!	جديد!
GRÁTIS	maȝȝānan	مجّانًا

ATENÇÃO!	intibāh!	إنتباه!
NÃO HÁ VAGAS	kull al amākin maḥȝūza	كل الأماكن محجوزة
RESERVADO	maḥȝūz	محجوز

| ADMINISTRAÇÃO | idāra | إدارة |
| SOMENTE PESSOAL AUTORIZADO | lil 'āmilīn faqaṭ | للعاملين فقط |

CUIDADO CÃO FEROZ	iḥðar wuȝūd al kalb	إحذر وجود الكلب
PROIBIDO FUMAR!	mamnū' at tadχīn	ممنوع التدخين
NÃO TOCAR	'adam al lams	عدم اللمس

PERIGOSO	χaṭīr	خطير
PERIGO	χaṭar	خطر
ALTA TENSÃO	tayyār 'āli	تيّار عالي
PROIBIDO NADAR	as sibāḥa mamnū'a	السباحة ممنوعة
COM DEFEITO	mu'aṭṭal	معطّل

INFLAMÁVEL	sarī' al iſti'āl	سريع الإشتعال
PROIBIDO	mamnū'	ممنوع
ENTRADA PROIBIDA	mamnū' al murūr	ممنوع المرور
CUIDADO TINTA FRESCA	iḥðar ṭilā' ɣayr ȝāff	إحذر طلاء غير جاف

31. Compras

comprar (vt)	iſtara	إشترى
compra (f)	ſay' (m)	شيء
fazer compras	iſtara	إشترى
compras (f pl)	ſubinɣ (m)	شوبينغ

| estar aberta (loja) | maftūḥ | مفتوح |
| estar fechada | muɣlaq | مغلق |

calçado (m)	aḥðiya (pl)	أحذية
roupa (f)	malābis (pl)	ملابس
cosméticos (m pl)	mawādd at taȝmīl (pl)	موادّ التجميل
alimentos (m pl)	ma'kūlāt (pl)	مأكولات
presente (m)	hadiyya (f)	هديّة

vendedor (m)	bā'i' (m)	بائع
vendedora (f)	bā'i'a (f)	بائعة
caixa (f)	ṣundū' ad daf' (m)	صندوق الدفع

espelho (m)	mir'āt (f)	مرآة
balcão (m)	minḍada (f)	منضدة
provador (m)	ɣurfat al qiyās (f)	غرفة القياس
provar (vt)	ʒarrab	جرّب
servir (roupa, caber)	nāsab	ناسب
gostar (apreciar)	aʻʒab	أعجب
preço (m)	siʻr (m)	سعر
etiqueta (f) de preço	tikit as siʻr (m)	تيكت السعر
custar (vt)	kallaf	كلّف
Quanto?	bikam?	بكم؟
desconto (m)	χaṣm (m)	خصم
não caro (adj)	ɣayr ɣāli	غير غال
barato (adj)	raχīṣ	رخيص
caro (adj)	ɣāli	غال
É caro	haða ɣāli	هذا غال
aluguel (m)	isti'ʒār (m)	إستئجار
alugar (roupas, etc.)	ista'ʒar	إستأجر
crédito (m)	i'timān (m)	إئتمان
a crédito	bid dayn	بالدين

VESTUÁRIO & ACESSÓRIOS

32. Roupa exterior. Casacos

roupa (f)	malābis (pl)	ملابس
roupa (f) exterior	malābis fawqāniyya (pl)	ملابس فوقانيّة
roupa (f) de inverno	malābis ʃitawiyya (pl)	ملابس شتويّة
sobretudo (m)	mi'ṭaf (m)	معطف
casaco (m) de pele	mi'taf farw (m)	معطف فرو
jaqueta (f) de pele	ʒakīt farw (m)	جاكيت فرو
casaco (m) acolchoado	haʃiyyat rīʃ (m)	حشية ريش
casaco (m), jaqueta (f)	ʒākīt (m)	جاكيت
impermeável (m)	mi'ṭaf lil maṭar (m)	معطف للمطر
a prova d'água	ṣāmid lil mā'	صامد للماء

33. Vestuário de homem & mulher

camisa (f)	qamīṣ (m)	قميص
calça (f)	banṭalūn (m)	بنطلون
jeans (m)	ʒīnz (m)	جينز
paletó, terno (m)	sutra (f)	سترة
terno (m)	badla (f)	بدلة
vestido (ex. ~ de noiva)	fustān (m)	فستان
saia (f)	tannūra (f)	تنّورة
blusa (f)	blūza (f)	بلوزة
casaco (m) de malha	kardigān (m)	كارديجان
casaco, blazer (m)	ʒākīt (m)	جاكيت
camiseta (f)	ti ʃirt (m)	تي شيرت
short (m)	ʃūrt (m)	شورت
training (m)	badlat at tadrīb (f)	بدلة التدريب
roupão (m) de banho	θawb hammām (m)	ثوب حمّام
pijama (m)	biʒāma (f)	بيجاما
suéter (m)	bulūvir (m)	بلوفر
pulôver (m)	bulūvir (m)	بلوفر
colete (m)	ṣudayriy (m)	صديريّ
fraque (m)	badlat sahra (f)	بدلة سهرة
smoking (m)	smūkin (m)	سموكن
uniforme (m)	zayy muwaḥḥad (m)	زي موحّد
roupa (f) de trabalho	θiyāb al 'amal (m)	ثياب العمل
macacão (m)	uvirūl (m)	اوفرول
jaleco (m), bata (f)	θawb (m)	ثوب

34. Vestuário. Roupa interior

roupa (f) íntima	malābis dāҳiliyya (pl)	ملابس داخليّة
cueca boxer (f)	sirwāl dāҳiliy riӡāliy (m)	سروال داخلي رجاليّ
calcinha (f)	sirwāl dāҳiliy nisā'iy (m)	سروال داخلي نسائيّ
camiseta (f)	qamīṣ bila aqmām (m)	قميص بلا أكمام
meias (f pl)	ӡawārib (pl)	جوارب
camisola (f)	qamīṣ nawm (m)	قميص نوم
sutiã (m)	ḥammālat ṣadr (f)	حمّالة صدر
meias longas (f pl)	ӡawārib ṭawīla (pl)	جوارب طويلة
meias-calças (f pl)	ӡawārib kulūn (pl)	جوارب كولون
meias (~ de nylon)	ӡawārib nisā'iyya (pl)	جوارب نسائية
maiô (m)	libās sibāḥa (m)	لباس سباحة

35. Adereços de cabeça

chapéu (m), touca (f)	qubba'a (f)	قبّعة
chapéu (m) de feltro	burnayṭa (f)	برنيطة
boné (m) de beisebol	kāb baysbūl (m)	كاب بيسبول
boina (~ italiana)	qubba'a musaṭṭaḥa (f)	قبّعة مسطحة
boina (ex. ~ basca)	birīh (m)	بيريه
capuz (m)	ɣiṭā' (m)	غطاء
chapéu panamá (m)	qubba'at banāma (f)	قبّعة بناما
touca (f)	qubbā'a maḥbūka (m)	قبّعة محبوكة
lenço (m)	ʧārb (m)	إيشارب
chapéu (m) feminino	burnayṭa (f)	برنيطة
capacete (m) de proteção	ҳūða (f)	خوذة
bibico (m)	kāb (m)	كاب
capacete (m)	ҳūða (f)	خوذة
chapéu-coco (m)	qubba'at dirbi (f)	قبّعة ديربي
cartola (f)	qubba'a 'āliya (f)	قبّعة عالية

36. Calçado

calçado (m)	aḥðiya (pl)	أحذية
botinas (f pl), sapatos (m pl)	ӡazma (f)	جزمة
sapatos (de salto alto, etc.)	ӡazma (f)	جزمة
botas (f pl)	būt (m)	بوت
pantufas (f pl)	ʃibʃib (m)	شبشب
tênis (~ Nike, etc.)	ḥiðā' riyāḍiy (m)	حذاء رياضيّ
tênis (~ Converse)	kutʃi (m)	كونشي
sandálias (f pl)	ṣandal (pl)	صندل
sapateiro (m)	iskāfiy (m)	إسكافيّ
salto (m)	ka'b (m)	كعب

par (m)	zawӡ (m)	زوج
cadarço (m)	ʃarīṭ (m)	شريط
amarrar os cadarços	rabaṭ	ربط
calçadeira (f)	labbāsat ḥiðā' (f)	لبّاسة حذاء
graxa (f) para calçado	warnīʃ al ḥiðā' (m)	ورنيش الحذاء

37. Acessórios pessoais

luva (f)	quffāz (m)	قفّاز
mitenes (f pl)	quffāz muɣlaq (m)	قفّاز مغلق
cachecol (m)	ʃjārb (m)	إيشارب

óculos (m pl)	nazzāra (f)	نظّارة
armação (f)	iṭār (m)	إطار
guarda-chuva (m)	ʃamsiyya (f)	شمسيّة
bengala (f)	'aṣa (f)	عصا
escova (f) para o cabelo	furʃat ʃa'r (f)	فرشة شعر
leque (m)	mirwaḥa yadawiyya (f)	مروحة يدويّة

gravata (f)	karavatta (f)	كرافتة
gravata-borboleta (f)	babyūn (m)	بيبون
suspensórios (m pl)	ḥammāla (f)	حمّالة
lenço (m)	mandīl (m)	منديل

pente (m)	miʃṭ (m)	مشط
fivela (f) para cabelo	dabbūs (m)	دبّوس
grampo (m)	bansa (f)	بنسة
fivela (f)	bukla (f)	بكلة

| cinto (m) | ḥizām (m) | حزام |
| alça (f) de ombro | ḥammalat al katf (f) | حمّالة الكتف |

bolsa (f)	ʃanṭa (f)	شنطة
bolsa (feminina)	ʃanṭat yad (f)	شنطة يد
mochila (f)	ḥaqībat ẓahr (f)	حقيبة ظهر

38. Vestuário. Diversos

moda (f)	mūḍa (f)	موضة
na moda (adj)	fil mūḍa	في الموضة
estilista (m)	muṣammim azyā' (m)	مصمّم أزياء

colarinho (m)	yāqa (f)	ياقة
bolso (m)	ӡayb (m)	جيب
de bolso	ӡayb	جيب
manga (f)	kumm (m)	كمّ
ganchinho (m)	'allāqa (f)	علّاقة
bragueta (f)	lisān (m)	لسان

zíper (m)	zimām munzaliq (m)	زمام منزلق
colchete (m)	miʃbak (m)	مشبك
botão (m)	zirr (m)	زرّ

botoeira (casa de botão)	ʿurwa (f)	عروة
soltar-se (vr)	waqaʿ	وقع

costurar (vi)	χāṭ	خاط
bordar (vt)	ṭarraz	طرّز
bordado (m)	taṭrīz (m)	تطريز
agulha (f)	ibra (f)	إبرة
fio, linha (f)	χayṭ (m)	خيط
costura (f)	darz (m)	درز

sujar-se (vr)	tawassaχ	توسّخ
mancha (f)	buqʿa (f)	بقعة
amarrotar-se (vr)	takarmaʃ	تكرمش
rasgar (vt)	qaṭṭaʿ	قطّع
traça (f)	ʿuθθa (f)	عثّة

39. Cuidados pessoais. Cosméticos

pasta (f) de dente	maʿʒūn asnān (m)	معجون أسنان
escova (f) de dente	furʃat asnān (f)	فرشة أسنان
escovar os dentes	naẓẓaf al asnān	نظّف الأسنان

gilete (f)	mūs ḥilāqa (m)	موس حلاقة
creme (m) de barbear	krīm ḥilāqa (m)	كريم حلاقة
barbear-se (vr)	ḥalaq	حلق

sabonete (m)	ṣābūn (m)	صابون
xampu (m)	ʃāmbū (m)	شامبو

tesoura (f)	maqaṣṣ (m)	مقصّ
lixa (f) de unhas	mibrad (m)	مبرد
corta-unhas (m)	milqaṭ (m)	ملقط
pinça (f)	milqaṭ (m)	ملقط

cosméticos (m pl)	mawādd at taʒmīl (pl)	موادّ التجميل
máscara (f)	mask (m)	ماسك
manicure (f)	manikūr (m)	مانيكور
fazer as unhas	ʿamal manikūr	عمل مانيكور
pedicure (f)	badikīr (m)	باديكير

bolsa (f) de maquiagem	ḥaqībat adawāt at taʒmīl (f)	حقيبة أدوات التجميل
pó (de arroz)	budrat waʒh (f)	بودرة وجه
pó (m) compacto	ʿulbat būdra (f)	علبة بودرة
blush (m)	aḥmar χudūd (m)	أحمر خدود

perfume (m)	ʿiṭr (m)	عطر
água-de-colônia (f)	kulūnya (f)	كولونيا
loção (f)	lusiyun (m)	لوسيون
colônia (f)	kulūniya (f)	كولونيا

sombra (f) de olhos	ay ʃaduw (m)	اي شادو
delineador (m)	kuḥl al ʿuyūn (m)	كحل العيون
máscara (f), rímel (m)	maskara (f)	ماسكارا
batom (m)	aḥmar ʃifāh (m)	أحمر شفاه

esmalte (m)	mulammi' al aẓāfir (m)	ملمّع الاظافر
laquê (m), spray fixador (m)	muθabbit aʃ ʃa'r (m)	مثبّت الشعر
desodorante (m)	muzīl rawā'iḥ (m)	مزيل روائح

creme (m)	krīm (m)	كريم
creme (m) de rosto	krīm lil waʒh (m)	كريم للوجه
creme (m) de mãos	krīm lil yadayn (m)	كريم لليدين
creme (m) antirrugas	krīm muḍādd lit taʒāῑd (m)	كريم مضادّ للتجاعيد
creme (m) de dia	krīm an nahār (m)	كريم النهار
creme (m) de noite	krīm al layl (m)	كريم الليل
de dia	nahāriy	نهاريّ
da noite	layliy	ليلي

absorvente (m) interno	tambūn (m)	تانبون
papel (m) higiênico	waraq ḥammām (m)	ورق حمّام
secador (m) de cabelo	muʒaffif ʃa'r (m)	مجفّف شعر

40. Relógios de pulso. Relógios

relógio (m) de pulso	sā'a (f)	ساعة
mostrador (m)	waʒh as sā'a (m)	وجه الساعة
ponteiro (m)	'aqrab as sā'a (m)	عقرب الساعة
bracelete (em aço)	siwār sā'a ma'daniyya (m)	سوار ساعة معدنية
bracelete (em couro)	siwār sā'a (m)	سوار ساعة

pilha (f)	baṭṭāriyya (f)	بطّارية
acabar (vi)	tafarraɣ	تفرّغ
trocar a pilha	ɣayyar al baṭṭāriyya	غيّر البطّارية
estar adiantado	sabaq	سبق
estar atrasado	ta'aχχar	تأخّر

relógio (m) de parede	sā'at ḥā'iṭ (f)	ساعة حائط
ampulheta (f)	sā'a ramliyya (f)	ساعة رملية
relógio (m) de sol	sā'a ʃamsiyya (f)	ساعة شمسية
despertador (m)	munabbih (m)	منبّه
relojoeiro (m)	sa'ātiy (m)	ساعاتيّ
reparar (vt)	aṣlaḥ	أصلح

46

EXPERIÊNCIA DO QUOTIDIANO

41. Dinheiro

dinheiro (m)	nuqūd (pl)	نقود
câmbio (m)	taḥwīl ʿumla (m)	تحويل عملة
taxa (f) de câmbio	siʿr aṣ ṣarf (m)	سعر الصرف
caixa (m) eletrônico	ṣarrāf ʾāliy (m)	صرّاف آليّ
moeda (f)	qiṭʿa naqdiyya (f)	قطعة نقديّة

dólar (m)	dulār (m)	دولار
euro (m)	yuru (m)	يورو

lira (f)	lira iṭāliyya (f)	ليرة إيطالية
marco (m)	mark almāniy (m)	مارك ألماني
franco (m)	frank (m)	فرنك
libra (f) esterlina	ʒunayh istirlīniy (m)	جنيه استرلينيّ
iene (m)	yīn (m)	ين

dívida (f)	dayn (m)	دين
devedor (m)	mudīn (m)	مدين
emprestar (vt)	sallaf	سلّف
pedir emprestado	istalaf	إستلف

banco (m)	bank (m)	بنك
conta (f)	ḥisāb (m)	حساب
depositar (vt)	awdaʿ	أودع
depositar na conta	awdaʿ fil ḥisāb	أودع في الحساب
sacar (vt)	saḥab min al ḥisāb	سحب من الحساب

cartão (m) de crédito	biṭāqat iʾtimān (f)	بطاقة إئتمان
dinheiro (m) vivo	nuqūd (pl)	نقود
cheque (m)	ʃīk (m)	شيك
passar um cheque	katab ʃīk	كتب شيكًا
talão (m) de cheques	daftar ʃīkāt (m)	دفتر شيكات

carteira (f)	maḥfaẓat ʒīb (f)	محفظة جيب
niqueleira (f)	maḥfaẓat fakka (f)	محفظة فكّة
cofre (m)	xizāna (f)	خزانة

herdeiro (m)	wāris (m)	وارث
herança (f)	wirāθa (f)	وراثة
fortuna (riqueza)	θarwa (f)	ثروة

arrendamento (m)	ʾīʒār (m)	إيجار
aluguel (pagar o ~)	uʒrat as sakan (f)	أجرة السكن
alugar (vt)	istaʾʒar	إستأجر

preço (m)	siʿr (m)	سعر
custo (m)	θaman (m)	ثمن

soma (f)	mablaɣ (m)	مبلغ
gastar (vt)	ṣaraf	صرف
gastos (m pl)	maṣārīf (pl)	مصاريف
economizar (vi)	waffar	وفّر
econômico (adj)	muwaffir	موفّر

pagar (vt)	dafaʿ	دفع
pagamento (m)	dafʿ (m)	دفع
troco (m)	al bāqi (m)	الباقي

imposto (m)	ḍarība (f)	ضريبة
multa (f)	ɣarāma (f)	غرامة
multar (vt)	faraḍ ɣarāma	فرض غرامة

42. Correios. Serviço postal

agência (f) dos correios	maktab al barīd (m)	مكتب البريد
correio (m)	al barīd (m)	البريد
carteiro (m)	sāʿi al barīd (m)	ساعي البريد
horário (m)	awqāt al ʿamal (pl)	أوقات العمل

carta (f)	risāla (f)	رسالة
carta (f) registada	risāla musaʒʒala (f)	رسالة مسجّلة
cartão (m) postal	biṭāqa barīdiyya (f)	بطاقة بريديّة
telegrama (m)	barqiyya (f)	برقيّة
encomenda (f)	ṭard (m)	طرد
transferência (f) de dinheiro	ḥawāla māliyya (f)	حوالة ماليّة

receber (vt)	istalam	إستلم
enviar (vt)	arsal	أرسل
envio (m)	irsāl (m)	إرسال
endereço (m)	ʿunwān (m)	عنوان
código (m) postal	raqm al barīd (m)	رقم البريد
remetente (m)	mursil (m)	مرسل
destinatário (m)	mursal ilayh (m)	مرسل إليه

nome (m)	ism (m)	إسم
sobrenome (m)	ism al ʿāʾila (m)	إسم العائلة
tarifa (f)	taʿrīfa (f)	تعريفة
ordinário (adj)	ʿādiy	عاديَ
econômico (adj)	muwaffir	موفّر

peso (m)	wazn (m)	وزن
pesar (estabelecer o peso)	wazan	وزن
envelope (m)	ẓarf (m)	ظرف
selo (m) postal	ṭābiʿ (m)	طابع
colar o selo	alṣaq ṭābiʿ	ألصق طابعا

43. Banca

banco (m)	bank (m)	بنك
balcão (f)	farʿ (m)	فرع

| consultor (m) bancário | muwazzaf bank (m) | موظّف بنك |
| gerente (m) | mudīr (m) | مدير |

conta (f)	ḥisāb (m)	حساب
número (m) da conta	raqm al ḥisāb (m)	رقم الحساب
conta (f) corrente	ḥisāb ʒāri (m)	حساب جار
conta (f) poupança	ḥisāb tawfīr (m)	حساب توفير

abrir uma conta	fataḥ ḥisāb	فتح حسابا
fechar uma conta	aylaq ḥisāb	أغلق حسابا
depositar na conta	awdaʿ fil ḥisāb	أودع في الحساب
sacar (vt)	saḥab min al ḥisāb	سحب من الحساب

depósito (m)	wadīʿa (f)	وديعة
fazer um depósito	awdaʿ	أودع
transferência (f) bancária	ḥawāla (f)	حوالة
transferir (vt)	ḥawwal	حوّل

| soma (f) | mablay (m) | مبلغ |
| Quanto? | kam? | كم؟ |

| assinatura (f) | tawqīʿ (m) | توقيع |
| assinar (vt) | waqqaʿ | وقّع |

cartão (m) de crédito	biṭāqat iʾtimān (f)	بطاقة ائتمان
senha (f)	kūd (m)	كود
número (m) do cartão de crédito	raqm biṭāqat iʾtimān (m)	رقم بطاقة إئتمان

| caixa (m) eletrônico | ṣarrāf ʾāliy (m) | صرّاف آليّ |

cheque (m)	ʃīk (m)	شيك
passar um cheque	katab ʃīk	كتب شيكًا
talão (m) de cheques	daftar ʃīkāt (m)	دفتر شيكات

empréstimo (m)	qarḍ (m)	قرض
pedir um empréstimo	qaddam ṭalab lil ḥuṣūl ʿala qarḍ	قدّم طلبا للحصول على قرض
obter empréstimo	ḥaṣal ʿala qarḍ	حصل على قرض
dar um empréstimo	qaddam qarḍ	قدّم قرضا
garantia (f)	ḍamān (m)	ضمان

44. Telefone. Conversação telefônica

telefone (m)	hātif (m)	هاتف
celular (m)	hātif maḥmūl (m)	هاتف محمول
secretária (f) eletrônica	muʒīb al hātif (m)	مجيب الهاتف

| fazer uma chamada | ittaṣal | إتّصل |
| chamada (f) | mukālama tilifuniyya (f) | مكالمة تليفونية |

discar um número	ittaṣal bi raqm	إتّصل برقم
Alô!	alu!	ألو!
perguntar (vt)	saʾal	سأل
responder (vt)	radd	ردّ

ouvir (vt)	sami'	سمع
bem	ʒayyidan	جيّدا
mal	sayyi'an	سيّئًا
ruído (m)	taʃwīʃ	تشويش

fone (m)	sammā'a (f)	سمّاعة
pegar o telefone	rafa' as sammā'a	رفع السمّاعة
desligar (vi)	qafal as sammā'a	قفل السمّاعة

ocupado (adj)	maʃɣūl	مشغول
tocar (vi)	rann	رنّ
lista (f) telefônica	dalīl at tilifūn (m)	دليل التليفون

local (adj)	mahalliyya	ة محلّيّة
chamada (f) local	mukālama hātifiyya mahalliyya (f)	مكالمة هاتفيّة محلّيّة
de longa distância	ba'īd al mada	بعيد المدى
chamada (f) de longa distância	mukālama ba'īdat al mada (f)	مكالمة بعيدة المدى
internacional (adj)	duwaliy	دوليّ
chamada (f) internacional	mukālama duwaliyya (f)	مكالمة دوليّة

45. Telefone móvel

celular (m)	hātif mahmūl (m)	هاتف محمول
tela (f)	ʒihāz 'arḍ (m)	جهاز عرض
botão (m)	zirr (m)	زر
cartão SIM (m)	sim kart (m)	سيم كارت

bateria (f)	baṭṭāriyya (f)	بطّاريّة
descarregar-se (vr)	xalaṣat	خلصت
carregador (m)	ʃāhin (m)	شاحن

menu (m)	qā'ima (f)	قائمة
configurações (f pl)	awḍā' (pl)	أوضاع
melodia (f)	naɣma (f)	نغمة
escolher (vt)	ixtār	إختار

calculadora (f)	'āla hāsiba (f)	آلة حاسبة
correio (m) de voz	barīd ṣawtiy (m)	بريد صوتيّ
despertador (m)	munabbih (m)	منبّه
contatos (m pl)	ʒihāt al ittiṣāl (pl)	جهات الإتّصال

mensagem (f) de texto	risāla qaṣīra ɛsɛmɛs (f)	رسالة قصيرة sms
assinante (m)	muʃtarik (m)	مشترك

46. Estacionário

caneta (f)	qalam ʒāf (m)	قلم جاف
caneta (f) tinteiro	qalam rīʃa (m)	قلم ريشة
lápis (m)	qalam ruṣāṣ (m)	قلم رصاص
marcador (m) de texto	markir (m)	ماركر

caneta (f) hidrográfica	qalam χaṭṭāṭ (m)	قلم خطاط
bloco (m) de notas	muðakkira (f)	مذكّرة
agenda (f)	ȝadwal al a'māl (m)	جدول الأعمال

régua (f)	masṭara (f)	مسطرة
calculadora (f)	'āla ḥāsiba (f)	آلة حاسبة
borracha (f)	astīka (f)	استيكة
alfinete (m)	dabbūs (m)	دبّوس
clipe (m)	dabbūs waraq (m)	دبّوس ورق

cola (f)	ṣamγ (m)	صمغ
grampeador (m)	dabbāsa (f)	دبّاسة
furador (m) de papel	χarrāma (m)	خرّامة
apontador (m)	mibrāt (f)	مبراة

47. Línguas estrangeiras

língua (f)	luγa (f)	لغة
estrangeiro (adj)	aȝnabiy	أجنبيّ
língua (f) estrangeira	luγa aȝnabiyya (f)	لغة أجنبيّة
estudar (vt)	daras	درس
aprender (vt)	ta'allam	تعلّم

ler (vt)	qara'	قرأ
falar (vi)	takallam	تكلّم
entender (vt)	fahim	فهم
escrever (vt)	katab	كتب

rapidamente	bi sur'a	بسرعة
devagar, lentamente	bi buṭ'	ببطء
fluentemente	bi ṭalāqa	بطلاقة

regras (f pl)	qawā'id (pl)	قواعد
gramática (f)	an naḥw waṣ ṣarf (m)	النحو والصرف
vocabulário (m)	mufradāt al luγa (pl)	مفردات اللغة
fonética (f)	ṣawtīyyāt (pl)	صوتيّات

livro (m) didático	kitāb ta'līm (m)	كتاب تعليم
dicionário (m)	qāmūs (m)	قاموس
manual (m) autodidático	kitāb ta'līm ðātiy (m)	كتاب تعليم ذاتيّ
guia (m) de conversação	kitāb lil 'ibārāt aʃ ʃā'i'a (m)	كتاب للعبارت الشائعة

fita (f) cassete	ʃarīṭ (m)	شريط
videoteipe (m)	ʃarīṭ vidiyu (m)	شريط فيديو
CD (m)	si di (m)	سي دي
DVD (m)	di vi di (m)	دي في دي

alfabeto (m)	alifbā' (m)	الفباء
soletrar (vt)	tahaȝȝa	تهجّى
pronúncia (f)	nuṭq (m)	نطق

sotaque (m)	lukna (f)	لكنة
com sotaque	bi lukna	بلكنة
sem sotaque	bi dūn lukna	بدون لكنة

| palavra (f) | kalima (f) | كلمة |
| sentido (m) | ma'na (m) | معنى |

curso (m)	dawra (f)	دورة
inscrever-se (vr)	saӡӡal ismahu	سجّل إسمه
professor (m)	mudarris (m)	مدرس

tradução (processo)	tarӡama (f)	ترجمة
tradução (texto)	tarӡama (f)	ترجمة
tradutor (m)	mutarӡim (m)	مترجم
intérprete (m)	mutarӡim fawriy (m)	مترجم فوري

| poliglota (m) | 'alīm bi 'iddat luɣāt (m) | عليم بعدّة لغات |
| memória (f) | ðākira (f) | ذاكرة |

REFEIÇÕES. RESTAURANTE

48. Por a mesa

colher (f)	mil'aqa (f)	ملعقة
faca (f)	sikkīn (m)	سكّين
garfo (m)	ʃawka (f)	شوكة
xícara (f)	finӡān (m)	فنجان
prato (m)	ṭabaq (m)	طبق
pires (m)	ṭabaq finӡān (m)	طبق فنجان
guardanapo (m)	mandīl (m)	منديل
palito (m)	xallat asnān (f)	خلّة أسنان

49. Restaurante

restaurante (m)	maṭʿam (m)	مطعم
cafeteria (f)	kafé (m), maqha (m)	كافيه، مقهى
bar (m), cervejaria (f)	bār (m)	بار
salão (m) de chá	ṣālun ʃāy (m)	صالون شاي
garçom (m)	nādil (m)	نادل
garçonete (f)	nādila (f)	نادلة
barman (m)	bārman (m)	بارمان
cardápio (m)	qāʾimat aṭ ṭaʿām (f)	قائمة طعام
lista (f) de vinhos	qāʾimat al xumūr (f)	قائمة خمور
reservar uma mesa	ḥaӡaz māʾida	حجز مائدة
prato (m)	waӡba (f)	وجبة
pedir (vt)	ṭalab	طلب
fazer o pedido	ṭalab	طلب
aperitivo (m)	ʃarāb (m)	شراب
entrada (f)	muqabbilāt (pl)	مقبّلات
sobremesa (f)	ḥalawiyyāt (pl)	حلويّات
conta (f)	ḥisāb (m)	حساب
pagar a conta	dafaʿ al ḥisāb	دفع الحساب
dar o troco	aʿṭa al bāqi	أعطى الباقي
gorjeta (f)	baqʃīʃ (m)	بقشيش

50. Refeições

comida (f)	akl (m)	أكل
comer (vt)	akal	أكل

café (m) da manhã	fuṭūr (m)	فطور
tomar café da manhã	afṭar	أفطر
almoço (m)	ɣadā' (m)	غداء
almoçar (vi)	taɣadda	تغدّى
jantar (m)	'aʃā' (m)	عشاء
jantar (vi)	ta'aʃʃa	تعشّى

| apetite (m) | ʃahiyya (f) | شهيّة |
| Bom apetite! | hanī'an marī'an! | هنيئًا مريئًا! |

abrir (~ uma lata, etc.)	fataḥ	فتح
derramar (~ líquido)	dalaq	دلق
derramar-se (vr)	indalaq	إندلق

ferver (vi)	ɣala	غلى
ferver (vt)	ɣala	غلى
fervido (adj)	maɣliy	مغليّ
esfriar (vt)	barrad	برّد
esfriar-se (vr)	tabarrad	تبرّد

| sabor, gosto (m) | ṭa'm (m) | طعم |
| fim (m) de boca | al maðāq al 'āliq fil fam (m) | المذاق العالق فى الفم |

emagrecer (vi)	faqad al wazn	فقد الوزن
dieta (f)	ḥimya ɣaðā'iyya (f)	حمية غذائية
vitamina (f)	vitamīn (m)	فيتامين
caloria (f)	su'ra ḥarāriyya (f)	سعرة حراريّة
vegetariano (m)	nabātiy (m)	نباتيّ
vegetariano (adj)	nabātiy	نباتيّ

gorduras (f pl)	duhūn (pl)	دهون
proteínas (f pl)	brutināt (pl)	بروتينات
carboidratos (m pl)	naʃawiyyāt (pl)	نشويّات
fatia (~ de limão, etc.)	ʃarīḥa (f)	شريحة
pedaço (~ de bolo)	qiṭ'a (f)	قطعة
migalha (f), farelo (m)	futāta (f)	فتاتة

51. Pratos cozinhados

prato (m)	waʒba (f)	وجبة
cozinha (~ portuguesa)	maṭbaχ (m)	مطبخ
receita (f)	waṣfa (f)	وصفة
porção (f)	waʒba (f)	وجبة

| salada (f) | sulṭa (f) | سلطة |
| sopa (f) | ʃūrba (f) | شوربة |

caldo (m)	maraq (m)	مرق
sanduíche (m)	sandawitʃ (m)	ساندويتش
ovos (m pl) fritos	bayḍ maqliy (m)	بيض مقليّ

hambúrguer (m)	hamburger (m)	هامبورجر
bife (m)	biftīk (m)	بفتيك
acompanhamento (m)	ṭabaq ʒānibiy (m)	طبق جانبيّ

espaguete (m)	spaɣitti (m)	سباغيتي
purê (m) de batata	harīs baṭāṭis (m)	هريس بطاطس
pizza (f)	bītza (f)	بيتزا
mingau (m)	ʿaṣīda (f)	عصيدة
omelete (f)	bayḍ maxfūq (m)	بيض مخفوق

fervido (adj)	maslūq	مسلوق
defumado (adj)	mudaxxin	مدخن
frito (adj)	maqliy	مقلي
seco (adj)	muʒaffaf	مجفف
congelado (adj)	muʒammad	مجمد
em conserva (adj)	muxallil	مخلل

doce (adj)	musakkar	مسكر
salgado (adj)	māliḥ	مالح
frio (adj)	bārid	بارد
quente (adj)	sāxin	ساخن
amargo (adj)	murr	مر
gostoso (adj)	laðīð	لذيذ

cozinhar em água fervente	ṭabax	طبخ
preparar (vt)	ḥaḍḍar	حضر
fritar (vt)	qala	قلي
aquecer (vt)	saxxan	سخن

salgar (vt)	mallaḥ	ملح
apimentar (vt)	falfal	فلفل
ralar (vt)	baʃar	بشر
casca (f)	qiʃra (f)	قشرة
descascar (vt)	qaʃʃar	قشر

52. Comida

carne (f)	laḥm (m)	لحم
galinha (f)	daʒāʒ (m)	دجاج
frango (m)	farrūʒ (m)	فروج
pato (m)	baṭṭa (f)	بطة
ganso (m)	iwazza (f)	إوزة
caça (f)	ṣayd (m)	صيد
peru (m)	daʒāʒ rūmiy (m)	دجاج رومي

carne (f) de porco	laḥm al xinzīr (m)	لحم الخنزير
carne (f) de vitela	laḥm il ʿiʒl (m)	لحم العجل
carne (f) de carneiro	laḥm aḍ ḍaʾn (m)	لحم الضأن
carne (f) de vaca	laḥm al baqar (m)	لحم البقر
carne (f) de coelho	arnab (m)	أرنب

linguiça (f), salsichão (m)	suʒuq (m)	سجق
salsicha (f)	suʒuq (m)	سجق
bacon (m)	bikūn (m)	بيكون
presunto (m)	hām (m)	هام
pernil (m) de porco	faxð xinzīr (m)	فخذ خنزير
patê (m)	maʿʒūn laḥm (m)	معجون لحم
fígado (m)	kibda (f)	كبدة

guisado (m)	ḥaʃwa (f)	حشوة
língua (f)	lisān (m)	لسان

ovo (m)	bayḍa (f)	بيضة
ovos (m pl)	bayḍ (m)	بيض
clara (f) de ovo	bayāḍ al bayḍ (m)	بياض البيض
gema (f) de ovo	ṣafār al bayḍ (m)	صفار البيض

peixe (m)	samak (m)	سمك
mariscos (m pl)	fawākih al baḥr (pl)	فواكه البحر
caviar (m)	kaviyār (m)	كافيار

caranguejo (m)	salṭaʿūn (m)	سلطعون
camarão (m)	ʒambari (m)	جمبري
ostra (f)	maḥār (m)	محار
lagosta (f)	karkand ʃāik (m)	كركند شائك
polvo (m)	uxṭubūṭ (m)	أخطبوط
lula (f)	kalmāri (m)	كالماري

esturjão (m)	samak al ḥaʃʃ (m)	سمك الحفش
salmão (m)	salmūn (m)	سلمون
halibute (m)	samak al halbūt (m)	سمك الهلبوت

bacalhau (m)	samak al qudd (m)	سمك القدّ
cavala, sarda (f)	usqumriy (m)	أسقمريّ
atum (m)	tūna (f)	تونة
enguia (f)	ḥankalīs (m)	حنكليس

truta (f)	salmūn muraqqaṭ (m)	سلمون مرقّط
sardinha (f)	sardīn (m)	سردين
lúcio (m)	samak al karāki (m)	سمك الكراكي
arenque (m)	rinʒa (f)	رنجة

pão (m)	xubz (m)	خبز
queijo (m)	ʒubna (f)	جبنة
açúcar (m)	sukkar (m)	سكّر
sal (m)	milḥ (m)	ملح

arroz (m)	urz (m)	أرز
massas (f pl)	makarūna (f)	مكرونة
talharim, miojo (m)	nūdlis (f)	نودلز

manteiga (f)	zubda (f)	زبدة
óleo (m) vegetal	zayt (m)	زيت
óleo (m) de girassol	zayt ʿabīd aʃ ʃams (m)	زيت عبيد الشمس
margarina (f)	marɣarīn (m)	مرغرين

azeitonas (f pl)	zaytūn (m)	زيتون
azeite (m)	zayt az zaytūn (m)	زيت الزيتون

leite (m)	ḥalīb (m)	حليب
leite (m) condensado	ḥalīb mukaθθaf (m)	حليب مكثف
iogurte (m)	yūɣurt (m)	يوغورت
creme (m) azedo	krīma ḥāmiḍa (f)	كريمة حامضة
creme (m) de leite	krīma (f)	كريمة
maionese (f)	mayunīz (m)	مايونيز

creme (m)	krīmat zubda (f)	كريمة زبدة
grãos (m pl) de cereais	ḥubūb (pl)	حبوب
farinha (f)	daqīq (m)	دقيق
enlatados (m pl)	muʿallabāt (pl)	معلّبات

flocos (m pl) de milho	kurn fliks (m)	كورن فليكس
mel (m)	ʿasal (m)	عسل
geleia (m)	murabba (m)	مربّى
chiclete (m)	ʿilk (m)	علك

53. Bebidas

água (f)	mā' (m)	ماء
água (f) potável	mā' ʃurb (m)	ماء شرب
água (f) mineral	mā' maʿdaniy (m)	ماء معدنيّ

sem gás (adj)	bi dūn ɣāz	بدون غاز
gaseificada (adj)	mukarban	مكربن
com gás	bil ɣāz	بالغاز
gelo (m)	θalʒ (m)	ثلج
com gelo	biθ θalʒ	بالثلج

não alcoólico (adj)	bi dūn kuḥūl	بدون كحول
refrigerante (m)	maʃrūb ɣāziy (m)	مشروب غازي
refresco (m)	maʃrūb muθallaʒ (m)	مشروب مثلج
limonada (f)	ʃarāb laymūn (m)	شراب ليمون

bebidas (f pl) alcoólicas	maʃrūbāt kuḥūliyya (pl)	مشروبات كحوليّة
vinho (m)	nabīð (f)	نبيذ
vinho (m) branco	nibīð abyaḍ (m)	نبيذ أبيض
vinho (m) tinto	nabīð aḥmar (m)	نبيذ أحمر

licor (m)	liqiūr (m)	ليكيور
champanhe (m)	ʃambāniya (f)	شمبانيا
vermute (m)	virmut (m)	فيرموث

uísque (m)	wiski (m)	وسكي
vodca (f)	vudka (f)	فودكا
gim (m)	ʒīn (m)	جين
conhaque (m)	kunyāk (m)	كونياك
rum (m)	rum (m)	رم

café (m)	qahwa (f)	قهوة
café (m) preto	qahwa sāda (f)	قهوة سادة
café (m) com leite	qahwa bil ḥalīb (f)	قهوة بالحليب
cappuccino (m)	kaputʃīnu (m)	كابتشينو
café (m) solúvel	niskafi (m)	نيسكافيه

leite (m)	ḥalīb (m)	حليب
coquetel (m)	kuktayl (m)	كوكتيل
batida (f), milkshake (m)	milk ʃiyk (m)	ميلك شيك

| suco (m) | ʿaṣīr (m) | عصير |
| suco (m) de tomate | ʿaṣīr ṭamāṭim (m) | عصير طماطم |

| suco (m) de laranja | 'aşīr burtuqāl (m) | عصير برتقال |
| suco (m) fresco | 'aşīr ţāziʒ (m) | عصير طازج |

cerveja (f)	bīra (f)	بيرة
cerveja (f) clara	bīra χafīfa (f)	بيرة خفيفة
cerveja (f) preta	bīra ɣāmiqa (f)	بيرة غامقة

chá (m)	ʃāy (m)	شاي
chá (m) preto	ʃāy aswad (m)	شاي أسود
chá (m) verde	ʃāy aχḍar (m)	شاي أخضر

54. Vegetais

| vegetais (m pl) | χuḍār (pl) | خضار |
| verdura (f) | χuḍrawāt waraqiyya (pl) | خضروات ورقيّة |

tomate (m)	ţamāţim (f)	طماطم
pepino (m)	χiyār (m)	خيار
cenoura (f)	ʒazar (m)	جزر
batata (f)	baţāţis (f)	بطاطس
cebola (f)	başal (m)	بصل
alho (m)	θūm (m)	ثوم

couve (f)	kurumb (m)	كرنب
couve-flor (f)	qarnabīţ (m)	قرنبيط
couve-de-bruxelas (f)	kurumb brūksil (m)	كرنب بروكسل
brócolis (m pl)	brukuli (m)	بركولي
beterraba (f)	banʒar (m)	بنجر
berinjela (f)	bātinʒān (m)	باذنجان
abobrinha (f)	kūsa (f)	كوسة
abóbora (f)	qar' (m)	قرع
nabo (m)	lift (m)	لفت

salsa (f)	baqdūnis (m)	بقدونس
endro, aneto (m)	ʃabat (m)	شبت
alface (f)	χass (m)	خسّ
aipo (m)	karafs (m)	كرفس
aspargo (m)	halyūn (m)	هليون
espinafre (m)	sabāniχ (m)	سبانخ
ervilha (f)	bisilla (f)	بسلّة
feijão (~ soja, etc.)	fūl (m)	فول
milho (m)	ðura (f)	ذرّة
feijão (m) roxo	faşūliya (f)	فاصوليا

pimentão (m)	filfil (m)	فلفل
rabanete (m)	fiʒl (m)	فجل
alcachofra (f)	χurʃūf (m)	خرشوف

55. Frutos. Nozes

| fruta (f) | fākiha (f) | فاكهة |
| maçã (f) | tuffāḥa (f) | تفّاحة |

pera (f)	kummaθra (f)	كمّثرى
limão (m)	laymūn (m)	ليمون
laranja (f)	burtuqāl (m)	برتقال
morango (m)	farawla (f)	فراولة

tangerina (f)	yūsufiy (m)	يوسفي
ameixa (f)	barqūq (m)	برقوق
pêssego (m)	durrāq (m)	دراق
damasco (m)	miʃmiʃ (f)	مشمش
framboesa (f)	tūt al ʿullayq al aḥmar (m)	توت العليق الأحمر
abacaxi (m)	ananās (m)	أناناس

banana (f)	mawz (m)	موز
melancia (f)	baṭṭīχ aḥmar (m)	بطّيخ أحمر
uva (f)	ʿinab (m)	عنب
ginja, cereja (f)	karaz (m)	كرز
melão (m)	baṭṭīχ aṣfar (f)	بطّيخ أصفر

toranja (f)	zinbāʿ (m)	زنباع
abacate (m)	avukādu (f)	افوكاتو
mamão (m)	babāya (m)	بابايا
manga (f)	mangu (m)	مانجو
romã (f)	rummān (m)	رمان

groselha (f) vermelha	kiʃmiʃ aḥmar (m)	كشمش أحمر
groselha (f) negra	ʿinab aθ θaʿlab al aswad (m)	عنب الثعلب الأسود
groselha (f) espinhosa	ʿinab aθ θaʿlab (m)	عنب الثعلب
mirtilo (m)	ʿinab al aḥrāʒ (m)	عنب الأحراج
amora (f) silvestre	θamar al ʿullayk (m)	ثمر العليّق

passa (f)	zabīb (m)	زبيب
figo (m)	tīn (m)	تين
tâmara (f)	tamr (m)	تمر

amendoim (m)	fūl sudāniy (m)	فول سودانيّ
amêndoa (f)	lawz (m)	لوز
noz (f)	ʿayn al ʒamal (f)	عين الجمل
avelã (f)	bunduq (m)	بندق
coco (m)	ʒawz al hind (m)	جوز هند
pistaches (m pl)	fustuq (m)	فستق

56. Pão. Bolaria

pastelaria (f)	ḥalawiyyāt (pl)	حلويّات
pão (m)	χubz (m)	خبز
biscoito (m), bolacha (f)	baskawīt (m)	بسكويت

chocolate (m)	ʃukulāta (f)	شكولاتة
de chocolate	biʃ ʃukulāta	بالشكولاتة
bala (f)	bumbūn (m)	بونبون
doce (bolo pequeno)	kaʿk (m)	كعك
bolo (m) de aniversário	tūrta (f)	تورتة
torta (f)	faṭīra (f)	فطيرة
recheio (m)	ḥaʃwa (f)	حشوة

geleia (m)	murabba (m)	مربّى
marmelada (f)	marmalād (f)	مرملاد
wafers (m pl)	wāfil (m)	وافل
sorvete (m)	muθallaʒāt (pl)	مثلجات
pudim (m)	būding (m)	بودنج

57. Especiarias

sal (m)	milḥ (m)	ملح
salgado (adj)	māliḥ	مالح
salgar (vt)	mallaḥ	ملّح
pimenta-do-reino (f)	filfil aswad (m)	فلفل أسود
pimenta (f) vermelha	filfil aḥmar (m)	فلفل أحمر
mostarda (f)	ṣalṣat al xardal (f)	صلصة الخردل
raiz-forte (f)	fiʒl ḥārr (m)	فجل حارّ
condimento (m)	tābil (m)	تابل
especiaria (f)	bahār (m)	بهار
molho (~ inglês)	ṣalṣa (f)	صلصة
vinagre (m)	xall (m)	خلّ
anis estrelado (m)	yānsūn (m)	يانسون
manjericão (m)	rīḥān (m)	ريحان
cravo (m)	qurumful (m)	قرنفل
gengibre (m)	zanʒabīl (m)	زنجبيل
coentro (m)	kuzbara (f)	كزبرة
canela (f)	qirfa (f)	قرفة
gergelim (m)	simsim (m)	سمسم
folha (f) de louro	awrāq al ɣār (pl)	أوراق الغار
páprica (f)	babrika (f)	بابريكا
cominho (m)	karāwiya (f)	كراوية
açafrão (m)	za'farān (m)	زعفران

INFORMAÇÃO PESSOAL. FAMÍLIA

58. Informação pessoal. Formulários

nome (m)	ism (m)	إسم
sobrenome (m)	ism al 'ā'ila (m)	إسم العائلة
data (f) de nascimento	tarīχ al mīlād (m)	تاريخ الميلاد
local (m) de nascimento	makān al mīlād (m)	مكان الميلاد
nacionalidade (f)	ʒinsiyya (f)	جنسية
lugar (m) de residência	maqarr al iqāma (m)	مقر الإقامة
país (m)	balad (m)	بلد
profissão (f)	mihna (f)	مهنة
sexo (m)	ʒins (m)	جنس
estatura (f)	ṭūl (m)	طول
peso (m)	wazn (m)	وزن

59. Membros da família. Parentes

mãe (f)	umm (f)	أُم
pai (m)	ab (m)	أب
filho (m)	ibn (m)	إبن
filha (f)	ibna (f)	إبنة
caçula (f)	al ibna aṣ ṣaɣīra (f)	الإبنة الصغيرة
caçula (m)	al ibn aṣ ṣaɣīr (m)	الإبن الصغير
filha (f) mais velha	al ibna al kabīra (f)	الإبنة الكبيرة
filho (m) mais velho	al ibn al kabīr (m)	الإبن الكبير
irmão (m)	aχ (m)	أخ
irmão (m) mais velho	al aχ al kabīr (m)	الأخ الكبير
irmão (m) mais novo	al aχ aṣ ṣaɣīr (m)	الأخ الصغير
irmã (f)	uχt (f)	أخت
irmã (f) mais velha	al uχt al kabīra (f)	الأخت الكبيرة
irmã (f) mais nova	al uχt aṣ ṣaɣīra (f)	الأخت الصغيرة
primo (m)	ibn 'amm (m), ibn χāl (m)	إبن عم، إبن خال
prima (f)	ibnat 'amm (f), ibnat χāl (f)	إبنة عم، إبنة خال
mamãe (f)	mama (f)	ماما
papai (m)	baba (m)	بابا
pais (pl)	wālidān (du)	والدان
criança (f)	ṭifl (m)	طفل
crianças (f pl)	aṭfāl (pl)	أطفال
avó (f)	ʒidda (f)	جدَّة
avô (m)	ʒadd (m)	جدّ
neto (m)	ḥafīd (m)	حفيد

| neta (f) | ḥafīda (f) | حفيدة |
| netos (pl) | aḥfād (pl) | أحفاد |

tio (m)	ʿamm (m), χāl (m)	عمّ، خال
tia (f)	ʿamma (f), χāla (f)	عمّة، خالة
sobrinho (m)	ibn al aχ (m), ibn al uχt (m)	إبن الأخ، إبن الأخت
sobrinha (f)	ibnat al aχ (f), ibnat al uχt (f)	إبنة الأخ، إبنة الأخت
sogra (f)	ḥamātt (f)	حماة
sogro (m)	ḥamm (m)	حم
genro (m)	zawʒ al ibna (m)	زوج الأبنة
madrasta (f)	zawʒat al ab (f)	زوجة الأب
padrasto (m)	zawʒ al umm (m)	زوج الأمّ

criança (f) de colo	ṭifl raḍīʿ (m)	طفل رضيع
bebê (m)	mawlūd (m)	مولود
menino (m)	walad ṣaɣīr (m)	ولد صغير

mulher (f)	zawʒa (f)	زوجة
marido (m)	zawʒ (m)	زوج
esposo (m)	zawʒ (m)	زوج
esposa (f)	zawʒa (f)	زوجة

casado (adj)	mutazawwiʒ	متزوّج
casada (adj)	mutazawwiʒa	متزوّجة
solteiro (adj)	aʿzab	أعزب
solteirão (m)	aʿzab (m)	أعزب
divorciado (adj)	muṭallaq (m)	مطلّق
viúva (f)	armala (f)	أرملة
viúvo (m)	armal (m)	أرمل

parente (m)	qarīb (m)	قريب
parente (m) próximo	nasīb qarīb (m)	نسيب قريب
parente (m) distante	nasīb baʿīd (m)	نسيب بعيد
parentes (m pl)	aqārib (pl)	أقارب

órfão (m), órfã (f)	yatīm (m)	يتيم
tutor (m)	waliyy amr (m)	ولي أمر
adotar (um filho)	tabanna	تبنّى
adotar (uma filha)	tabanna	تبنّى

60. Amigos. Colegas de trabalho

amigo (m)	ṣadīq (m)	صديق
amiga (f)	ṣadīqa (f)	صديقة
amizade (f)	ṣadāqa (f)	صداقة
ser amigos	ṣādaq	صادق

amigo (m)	ṣāḥib (m)	صاحب
amiga (f)	ṣaḥiba (f)	صاحبة
parceiro (m)	rafīq (m)	رفيق

chefe (m)	raʾīs (m)	رئيس
superior (m)	raʾīs (m)	رئيس
proprietário (m)	ṣāḥib (m)	صاحب

subordinado (m)	tābi⁺ (m)	تابع
colega (m, f)	zamīl (m)	زميل
conhecido (m)	maʿruf (m)	معروف
companheiro (m) de viagem	rafīq safar (m)	رفيق سفر
colega (m) de classe	zamīl fiṣ ṣaff (m)	زميل في الصفّ
vizinho (m)	ӡār (m)	جار
vizinha (f)	ӡāra (f)	جارة
vizinhos (pl)	ӡirān (pl)	جيران

CORPO HUMANO. MEDICINA

61. Cabeça

cabeça (f)	ra's (m)	رأس
rosto, cara (f)	waჳh (m)	وجه
nariz (m)	anf (m)	أنف
boca (f)	fam (m)	فم
olho (m)	ʿayn (f)	عين
olhos (m pl)	ʿuyūn (pl)	عيون
pupila (f)	ḥadaqa (f)	حدقة
sobrancelha (f)	ḥāჳib (m)	حاجب
cílio (f)	rimʃ (m)	رمش
pálpebra (f)	ჳafn (m)	جفن
língua (f)	lisān (m)	لسان
dente (m)	sinn (f)	سِن
lábios (m pl)	ʃifāh (pl)	شفاه
maçãs (f pl) do rosto	ʿiẓām waჳhiyya (pl)	عظام وجهية
gengiva (f)	liθθa (f)	لثة
palato (m)	ḥanak (m)	حنك
narinas (f pl)	minҳarān (du)	منخران
queixo (m)	ðaqan (m)	ذقن
mandíbula (f)	fakk (m)	فكّ
bochecha (f)	ҳadd (m)	خدّ
testa (f)	ჳabha (f)	جبهة
têmpora (f)	ṣudɣ (m)	صدغ
orelha (f)	uðun (f)	أذن
costas (f pl) da cabeça	qafa (m)	قفا
pescoço (m)	raqaba (f)	رقبة
garganta (f)	ḥalq (m)	حلق
cabelo (m)	ʃaʿr (m)	شعر
penteado (m)	tasrīḥa (f)	تسريحة
corte (m) de cabelo	tasrīḥa (f)	تسريحة
peruca (f)	barūka (f)	باروكة
bigode (m)	ʃawārib (pl)	شوارب
barba (f)	liḥya (f)	لحية
ter (~ barba, etc.)	ʿindahu	عنده
trança (f)	ḍifīra (f)	ضفيرة
suíças (f pl)	sawālif (pl)	سوالف
ruivo (adj)	aḥmar aʃ ʃaʿr	أحمر الشعر
grisalho (adj)	abyaḍ	أبيض
careca (adj)	aṣlaʿ	أصلع
calva (f)	ṣalaʿ (m)	صلع

rabo-de-cavalo (m)	ðayl ḥiṣān (m)	ذيل حصان
franja (f)	quṣṣa (f)	قصّة

62. Corpo humano

mão (f)	yad (m)	يد
braço (m)	ðirāʿ (f)	ذراع

dedo (m)	iṣbaʿ (m)	إصبع
dedo (m) do pé	iṣbaʿ al qadam (m)	إصبع القدم
polegar (m)	ibhām (m)	إبهام
dedo (m) mindinho	xunṣur (m)	خنصر
unha (f)	ẓufr (m)	ظفر

punho (m)	qabḍa (f)	قبضة
palma (f)	kaff (f)	كفّ
pulso (m)	miʿṣam (m)	معصم
antebraço (m)	sāʿid (m)	ساعد
cotovelo (m)	mirfaq (m)	مرفق
ombro (m)	katf (f)	كتف

perna (f)	riʒl (f)	رجل
pé (m)	qadam (f)	قدم
joelho (m)	rukba (f)	ركبة
panturrilha (f)	sammāna (f)	سمّانة
quadril (m)	faxð (f)	فخذ
calcanhar (m)	ʿaqb (m)	عقب

corpo (m)	ʒism (m)	جسم
barriga (f), ventre (m)	baṭn (m)	بطن
peito (m)	ṣadr (m)	صدر
seio (m)	θady (m)	ثدي
lado (m)	ʒamb (m)	جنب
costas (dorso)	ẓahr (m)	ظهر
região (f) lombar	asfal aẓ ẓahr (m)	أسفل الظهر
cintura (f)	xaṣr (m)	خصر

umbigo (m)	surra (f)	سرّة
nádegas (f pl)	ardāf (pl)	أرداف
traseiro (m)	dubr (m)	دبر

sinal (m), pinta (f)	ʃāma (f)	شامة
sinal (m) de nascença	waḥma	وحمة
tatuagem (f)	waʃm (m)	وشم
cicatriz (f)	nadba (f)	ندبة

63. Doenças

doença (f)	maraḍ (m)	مرض
estar doente	maraḍ	مرض
saúde (f)	ṣiḥḥa (f)	صحّة
nariz (m) escorrendo	zukām (m)	زكام

amigdalite (f)	iltihāb al lawzatayn (m)	التهاب اللوزتين
resfriado (m)	bard (m)	برد
ficar resfriado	aşābahu al bard	أصابه البرد
bronquite (f)	iltihāb al qaşabāt (m)	إلتهاب القصبات
pneumonia (f)	iltihāb ar ri'atayn (m)	إلتهاب الرئتين
gripe (f)	inflūnza (f)	إنفلونزا
míope (adj)	qaşīr an nazar	قصير النظر
presbita (adj)	ba'īd an nazar	بعيد النظر
estrabismo (m)	hawal (m)	حول
estrábico, vesgo (adj)	ahwal	أحول
catarata (f)	katarakt (f)	كاتاراكت
glaucoma (m)	glawkūma (f)	جلوكوما
AVC (m), apoplexia (f)	sakta (f)	سكتة
ataque (m) cardíaco	ihtişā' (m)	إحتشاء
enfarte (m) do miocárdio	nawba qalbiya (f)	نوبة قلبية
paralisia (f)	falal (m)	شلل
paralisar (vt)	fall	شلَ
alergia (f)	hassāsiyya (f)	حسّاسيّة
asma (f)	rabw (m)	ربو
diabetes (f)	ad dā' as sukkariy (m)	الداء السكّريَ
dor (f) de dente	alam al asnān (m)	ألم الأسنان
cárie (f)	naxar al asnān (m)	نخر الأسنان
diarreia (f)	ishāl (m)	إسهال
prisão (f) de ventre	imsāk (m)	إمساك
desarranjo (m) intestinal	'usr al hadm (m)	عسر الهضم
intoxicação (f) alimentar	tasammum (m)	تسمّم
intoxicar-se	tasammam	تسمّم
artrite (f)	iltihāb al mafāşil (m)	إلتهاب المفاصل
raquitismo (m)	kusāh al atfāl (m)	كساح الأطفال
reumatismo (m)	riumatizm (m)	روماتزم
arteriosclerose (f)	taşşallub af farayīn (m)	تصلّب الشرايين
gastrite (f)	iltihāb al ma'ida (m)	إلتهاب المعدة
apendicite (f)	iltihāb az zā'ida ad dūdiyya (m)	إلتهاب الزائدة الدوديّة
colecistite (f)	iltihāb al marāra (m)	إلتهاب المرارة
úlcera (f)	qurha (f)	قرحة
sarampo (m)	marad al haşba (m)	مرض الحصبة
rubéola (f)	haşba almāniyya (f)	حصبة ألمانية
icterícia (f)	yaraqān (m)	يرقان
hepatite (f)	iltihāb al kabd al vayrūsiy (m)	إلتهاب الكبد الفيروسيَ
esquizofrenia (f)	fizufrīniya (f)	شيزوفرينيا
raiva (f)	dā' al kalb (m)	داء الكلب
neurose (f)	'işāb (m)	عصاب
contusão (f) cerebral	irtizāz al muxx (m)	إرتجاج المخ
câncer (m)	saratān (m)	سرطان
esclerose (f)	taşşallub (m)	تصلّب

esclerose (f) múltipla	taşşallub mutaʿaddid (m)	تصلّب متعدد
alcoolismo (m)	idmān al xamr (m)	إدمان الخمر
alcoólico (m)	mudmin al xamr (m)	مدمن الخمر
sífilis (f)	sifilis az zuhariy (m)	سفلس الزهري
AIDS (f)	al aydz (m)	الإيدز

tumor (m)	waram (m)	ورم
maligno (adj)	xabīθ	خبيث
benigno (adj)	ḥamīd (m)	حميد

febre (f)	ḥumma (f)	حمّى
malária (f)	malāriya (f)	ملاريا
gangrena (f)	ɣanɣrīna (f)	غنغرينا
enjoo (m)	duwār al baḥr (m)	دوار البحر
epilepsia (f)	maraḍ aş şarʿ (m)	مرض الصرع

epidemia (f)	wabāʾ (m)	وباء
tifo (m)	tīfus (m)	تيفوس
tuberculose (f)	maraḍ as sull (m)	مرض السلّ
cólera (f)	kulīra (f)	كوليرا
peste (f) bubônica	ṭāʿūn (m)	طاعون

64. Sintomas. Tratamentos. Parte 1

sintoma (m)	ʿaraḍ (m)	عرض
temperatura (f)	ḥarāra (f)	حرارة
febre (f)	ḥumma (f)	حمّى
pulso (m)	nabḍ (m)	نبض

vertigem (f)	dawxa (f)	دوخة
quente (testa, etc.)	ḥārr	حارّ
calafrio (m)	nafaḍān (m)	نفضان
pálido (adj)	aşfar	أصفر

tosse (f)	suʿāl (m)	سعال
tossir (vi)	saʿal	سعل
espirrar (vi)	ʿaṭas	عطس
desmaio (m)	iɣmāʾ (m)	إغماء
desmaiar (vi)	ɣumiya ʿalayh	غمي عليه

mancha (f) preta	kadma (f)	كدمة
galo (m)	tawarrum (m)	تورّم
machucar-se (vr)	işṭadam	إصطدم
contusão (f)	raḍḍ (m)	رضّ
machucar-se (vr)	taraḍḍaḍ	ترضّض

mancar (vi)	ʿaraʒ	عرج
deslocamento (f)	xalʿ (m)	خلع
deslocar (vt)	xalaʿ	خلع
fratura (f)	kasr (m)	كسر
fraturar (vt)	inkasar	إنكسر

| corte (m) | ʒurḥ (m) | جرح |
| cortar-se (vr) | ʒaraḥ nafsah | جرح نفسه |

hemorragia (f)	nazf (m)	نزف
queimadura (f)	ḥarq (m)	حرق
queimar-se (vr)	taʃayyat	تشيّط

picar (vt)	waχaz	وخز
picar-se (vr)	waχaz nafsah	وخز نفسه
lesionar (vt)	aṣāb	أصاب
lesão (m)	iṣāba (f)	إصابة
ferida (f), ferimento (m)	ʒurḥ (m)	جرح
trauma (m)	ṣadma (f)	صدمة

delirar (vi)	haða	هذى
gaguejar (vi)	talaʿsam	تلعثم
insolação (f)	ḍarbat ʃams (f)	ضربة شمس

65. Sintomas. Tratamentos. Parte 2

dor (f)	alam (m)	ألم
farpa (no dedo, etc.)	ʃaẓiyya (f)	شظيّة

suor (m)	ʿirq (m)	عرق
suar (vi)	ʿariq	عرق
vômito (m)	taqayyuʿ (m)	تقيّؤ
convulsões (f pl)	taʃannuʒāt (pl)	تشنّجات

grávida (adj)	ḥāmil	حامل
nascer (vi)	wulid	وُلد
parto (m)	wilāda (f)	ولادة
dar à luz	walad	ولد
aborto (m)	iʒhāḍ (m)	إجهاض

respiração (f)	tanaffus (m)	تنفّس
inspiração (f)	istinʃāq (m)	إستنشاق
expiração (f)	zafīr (m)	زفير
expirar (vi)	zafar	زفر
inspirar (vi)	istanʃaq	إستنشق

inválido (m)	muʿāq (m)	معاق
aleijado (m)	muqʿad (m)	مقعد
drogado (m)	mudmin muχaddirāt (m)	مدمن مخدّرات

surdo (adj)	aṭraʃ	أطرش
mudo (adj)	aχras	أخرس
surdo-mudo (adj)	aṭraʃ aχras	أطرش أخرس

louco, insano (adj)	maʒnūn	مجنون
louco (m)	maʒnūn (m)	مجنون
louca (f)	maʒnūna (f)	مجنونة
ficar louco	ʒunn	جُنّ

gene (m)	ʒīn (m)	جين
imunidade (f)	manāʿa (f)	مناعة
hereditário (adj)	wirāθiy	وراثيّ
congênito (adj)	χilqiy munð al wilāda	خلقيّ منذ الولادة

vírus (m)	virūs (m)	فيروس
micróbio (m)	mikrūb (m)	ميكروب
bactéria (f)	ʒurθūma (f)	جرثومة
infecção (f)	ʿadwa (f)	عدوى

66. Sintomas. Tratamentos. Parte 3

hospital (m)	mustaʃfa (m)	مستشفى
paciente (m)	marīḍ (m)	مريض
diagnóstico (m)	taʃxīṣ (m)	تشخيص
cura (f)	ʿilāʒ (m)	علاج
tratamento (m) médico	ʿilāʒ (m)	علاج
curar-se (vr)	taʿālaʒ	تعالج
tratar (vt)	ʿālaʒ	عالج
cuidar (pessoa)	marraḍ	مرّض
cuidado (m)	ʿināya (f)	عناية
operação (f)	ʿamaliyya ʒarahiyya (f)	عمليّة جرحيّة
enfaixar (vt)	ḍammad	ضمّد
enfaixamento (m)	taḍmīd (m)	تضميد
vacinação (f)	talqīḥ (m)	تلقيح
vacinar (vt)	laqqaḥ	لقّح
injeção (f)	ḥuqna (f)	حقنة
dar uma injeção	ḥaqan ibra	حقن إبرة
ataque (~ de asma, etc.)	nawba (f)	نوبة
amputação (f)	batr (m)	بتر
amputar (vt)	batar	بتر
coma (f)	ɣaybūba (f)	غيبوبة
estar em coma	kān fi ḥālat ɣaybūba	كان في حالة غيبوبة
reanimação (f)	al ʿināya al murakkaza (f)	العناية المركّزة
recuperar-se (vr)	ʃufiy	شفي
estado (~ de saúde)	ḥāla (f)	حالة
consciência (perder a ~)	waʿy (m)	وعي
memória (f)	ðākira (f)	ذاكرة
tirar (vt)	xalaʿ	خلع
obturação (f)	ḥaʃw (m)	حشو
obturar (vt)	ḥaʃa	حشا
hipnose (f)	at tanwīm al maɣnaṭīsiy (m)	التنويم المغناطيسيّ
hipnotizar (vt)	nawwam	نوّم

67. Medicina. Drogas. Acessórios

medicamento (m)	dawā' (m)	دواء
remédio (m)	ʿilāʒ (m)	علاج
receitar (vt)	waṣaf	وصف
receita (f)	waṣfa (f)	وصفة

comprimido (m)	qurṣ (m)	قرص
unguento (m)	marham (m)	مرهم
ampola (f)	ambūla (f)	أمبولة
solução, preparado (m)	dawā' ʃarāb (m)	دواء شراب
xarope (m)	ʃarāb (m)	شراب
cápsula (f)	ḥabba (f)	حبّة
pó (m)	ðarūr (m)	ذرور
atadura (f)	ḍammāda (f)	ضمادة
algodão (m)	quṭn (m)	قطن
iodo (m)	yūd (m)	يود
curativo (m) adesivo	blāstir (m)	بلاستر
conta-gotas (m)	māṣṣat al bastara (f)	ماصّة البسترة
termômetro (m)	tirmūmitr (m)	ترمومتر
seringa (f)	miḥqana (f)	محقنة
cadeira (f) de rodas	kursiy mutaḥarrik (m)	كرسي متحرّك
muletas (f pl)	'ukkāzān (du)	عكّازان
analgésico (m)	musakkin (m)	مسكّن
laxante (m)	mulayyin (m)	ملّين
álcool (m)	iθanūl (m)	إيثانول
ervas (f pl) medicinais	a'ʃāb ṭibbiyya (pl)	أعشاب طبية
de ervas (chá ~)	'uʃbiy	عشبي

APARTAMENTO

68. Apartamento

apartamento (m)	ʃaqqa (f)	شقّة
quarto, cômodo (m)	ɣurfa (f)	غرفة
quarto (m) de dormir	ɣurfat an nawm (f)	غرفة النوم
sala (f) de jantar	ɣurfat il akl (f)	غرفة الأكل
sala (f) de estar	ṣālat al istiqbāl (f)	صالة الإستقبال
escritório (m)	maktab (m)	مكتب
sala (f) de entrada	madχal (m)	مدخل
banheiro (m)	ḥammām (m)	حمّام
lavabo (m)	ḥammām (m)	حمّام
teto (m)	saqf (m)	سقف
chão, piso (m)	arḍ (f)	أرض
canto (m)	zāwiya (f)	زاوية

69. Mobiliário. Interior

mobiliário (m)	aθāθ (m)	أثاث
mesa (f)	maktab (m)	مكتب
cadeira (f)	kursiy (m)	كرسيّ
cama (f)	sarīr (m)	سرير
sofá, divã (m)	kanaba (f)	كنبة
poltrona (f)	kursiy (m)	كرسيّ
estante (f)	χizānat kutub (f)	خزانة كتب
prateleira (f)	raff (m)	رفّ
guarda-roupas (m)	dūlāb (m)	دولاب
cabide (m) de parede	ʃammā'a (f)	شمّاعة
cabideiro (m) de pé	ʃammā'a (f)	شمّاعة
cômoda (f)	dulāb adrāʒ (m)	دولاب أدراج
mesinha (f) de centro	ṭāwilat al qahwa (f)	طاولة القهوة
espelho (m)	mir'āt (f)	مرآة
tapete (m)	siʒāda (f)	سجادة
tapete (m) pequeno	siʒāda (f)	سجادة
lareira (f)	midfa'a ḥā'iṭiyya (f)	مدفأة حائطيّة
vela (f)	ʃam'a (f)	شمعة
castiçal (m)	ʃam'adān (m)	شمعدان
cortinas (f pl)	satā'ir (pl)	ستائر
papel (m) de parede	waraq ḥīṭān (m)	ورق حيطان

persianas (f pl)	haṣīrat ʃubbāk (f)	حصيرة شبّاك
luminária (f) de mesa	miṣbāḥ aṭ ṭāwila (m)	مصباح الطاولة
luminária (f) de parede	miṣbāḥ al ḥā'iṭ (f)	مصباح الحائط
abajur (m) de pé	miṣbāḥ arḍiy (m)	مصباح أرضيّ
lustre (m)	naʒafa (f)	نجفة

pé (de mesa, etc.)	riʒl (f)	رجل
braço, descanso (m)	masnad (m)	مسند
costas (f pl)	masnad (m)	مسند
gaveta (f)	durʒ (m)	درج

70. Quarto de dormir

roupa (f) de cama	bayāḍāt as sarīr (pl)	بياضات السرير
travesseiro (m)	wisāda (f)	وسادة
fronha (f)	kīs al wisāda (m)	كيس الوسادة
cobertor (m)	baṭṭāniyya (f)	بطّانيّة
lençol (m)	milāya (f)	ملاية
colcha (f)	ɣiṭā' as sarīr (m)	غطاء السرير

71. Cozinha

cozinha (f)	maṭbaχ (m)	مطبخ
gás (m)	ɣāz (m)	غاز
fogão (m) a gás	butuɣāz (m)	بوتوغاز
fogão (m) elétrico	furn kaharabā'iy (m)	فرن كهربائيّ
forno (m)	furn (m)	فرن
forno (m) de micro-ondas	furn al mikruwayv (m)	فرن الميكروويف

geladeira (f)	θallāʒa (f)	ثلاجة
congelador (m)	frīzir (m)	فريزير
máquina (f) de lavar louça	ɣassāla (f)	غسّالة

moedor (m) de carne	farrāmat laḥm (f)	فرّامة لحم
espremedor (m)	'aṣṣāra (f)	عصّارة
torradeira (f)	maḥmaṣat χubz (f)	محمصة خبز
batedeira (f)	χallāṭ (m)	خلّاط

máquina (f) de café	mākinat ṣan' al qahwa (f)	ماكينة صنع القهوة
cafeteira (f)	kanaka (f)	كنكة
moedor (m) de café	maṭhanat qahwa (f)	مطحنة قهوة

chaleira (f)	barrād (m)	برّاد
bule (m)	barrād aʃ ʃāy (m)	برّاد الشاي
tampa (f)	ɣiṭā' (m)	غطاء
coador (m) de chá	miṣfāt (f)	مصفاة

colher (f)	mil'aqa (f)	ملعقة
colher (f) de chá	mil'aqat ʃāy (f)	ملعقة شاي
colher (f) de sopa	mil'aqa kabīra (f)	ملعقة كبيرة
garfo (m)	ʃawka (f)	شوكة
faca (f)	sikkīn (m)	سكّين

louça (f)	ṣuḥūn (pl)	صحون
prato (m)	ṭabaq (m)	طبق
pires (m)	ṭabaq finʒān (m)	طبق فنجان

cálice (m)	ka's (f)	كأس
copo (m)	kubbāya (f)	كبّاية
xícara (f)	finʒān (m)	فنجان

açucareiro (m)	sukkariyya (f)	سكّريَة
saleiro (m)	mamlaḥa (f)	مملحة
pimenteiro (m)	mabhara (f)	مبهرة
manteigueira (f)	ṣuḥn zubda (m)	صحن زبدة

panela (f)	kassirūlla (f)	كاسرولة
frigideira (f)	ṭāsa (f)	طاسة
concha (f)	miɣrafa (f)	مغرفة
coador (m)	miṣfāt (f)	مصفاة
bandeja (f)	ṣīniyya (f)	صينية

garrafa (f)	zuʒāʒa (f)	زجاجة
pote (m) de vidro	barṭamān (m)	برطمان
lata (~ de cerveja)	tanaka (f)	تنكة

abridor (m) de garrafa	fattāḥa (f)	فتّاحة
abridor (m) de latas	fattāḥa (f)	فتّاحة
saca-rolhas (m)	barrīma (f)	برّيمة
filtro (m)	filtir (m)	فلتر
filtrar (vt)	ṣaffa	صفّى

| lixo (m) | zubāla (f) | زبالة |
| lixeira (f) | ṣundūq az zubāla (m) | صندوق الزبالة |

72. Casa de banho

banheiro (m)	ḥammām (m)	حمّام
água (f)	mā' (m)	ماء
torneira (f)	ḥanafiyya (f)	حنفيّة
água (f) quente	mā' sāxin (m)	ماء ساخن
água (f) fria	mā' bārid (m)	ماء بارد

pasta (f) de dente	ma'ʒūn asnān (m)	معجون أسنان
escovar os dentes	nazzaf al asnān	نظف الأسنان
escova (f) de dente	furʃat asnān (f)	فرشة أسنان

barbear-se (vr)	ḥalaq	حلق
espuma (f) de barbear	raɣwa lil ḥilāqa (f)	رغوة للحلاقة
gilete (f)	mūs ḥilāqa (m)	موس حلاقة

lavar (vt)	ɣasal	غسل
tomar banho	istaḥamm	إستحمّ
chuveiro (m), ducha (f)	dūʃ (m)	دوش
tomar uma ducha	axaθ ad duʃ	أخذ الدش
banheira (f)	ḥawḍ istiḥmām (m)	حوض استحمام
vaso (m) sanitário	mirḥāḍ (m)	مرحاض

pia (f)	ḥawḍ (m)	حوض
sabonete (m)	ṣābūn (m)	صابون
saboneteira (f)	ṣabbāna (f)	صبّانة

esponja (f)	līfa (f)	ليفة
xampu (m)	ʃāmbū (m)	شامبو
toalha (f)	fūṭa (f)	فوطة
roupão (m) de banho	θawb ḥammām (m)	ثوب حمّام

lavagem (f)	ɣasīl (m)	غسيل
lavadora (f) de roupas	ɣassāla (f)	غسّالة
lavar a roupa	ɣasal al malābis	غسل الملابس
detergente (m)	masḥūq ɣasīl (m)	مسحوق غسيل

73. Eletrodomésticos

televisor (m)	tilivizyūn (m)	تليفزيون
gravador (m)	ʒihāz tasʒīl (m)	جهاز تسجيل
videogravador (m)	ʒihāz tasʒīl vidiyu (m)	جهاز تسجيل فيديو
rádio (m)	ʒihāz radiyu (m)	جهاز راديو
leitor (m)	blayir (m)	بلير

projetor (m)	ʿāriḍ vidiyu (m)	عارض فيديو
cinema (m) em casa	sinima manziliyya (f)	سينما منزليّة
DVD Player (m)	di vi di (m)	دي في دي
amplificador (m)	mukabbir aṣ ṣawt (m)	مكبّر الصوت
console (f) de jogos	ʾatāri (m)	أتاري

câmera (f) de vídeo	kamira vidiyu (f)	كاميرا فيديو
máquina (f) fotográfica	kamira (f)	كاميرا
câmera (f) digital	kamira diʒital (f)	كاميرا ديجيتال

aspirador (m)	miknasa kahrabāʾiyya (f)	مكنسة كهربائيّة
ferro (m) de passar	makwāt (f)	مكواة
tábua (f) de passar	lawḥat kayy (f)	لوحة كيّ

telefone (m)	hātif (m)	هاتف
celular (m)	hātif maḥmūl (m)	هاتف محمول
máquina (f) de escrever	ʾāla katiba (f)	آلة كاتبة
máquina (f) de costura	ʾālat al xiyāṭa (f)	آلة الخياطة

microfone (m)	mikrufūn (m)	ميكروفون
fone (m) de ouvido	sammāʿāt raʾsiya (pl)	سمّاعات رأسيّة
controle remoto (m)	rimuwt kuntrūl (m)	ريموت كنترول

CD (m)	si di (m)	سي دي
fita (f) cassete	ʃarīṭ (m)	شريط
disco (m) de vinil	usṭuwāna (f)	أسطوانة

A TERRA. TEMPO

74. Espaço sideral

espaço, cosmo (m)	faḍā' (m)	فضاء
espacial, cósmico (adj)	faḍā'iy	فضائيّ
espaço (m) cósmico	faḍā' (m)	فضاء
mundo (m)	'ālam (m)	عالم
universo (m)	al kawn (m)	الكون
galáxia (f)	al maȝarra (f)	المجرّة
estrela (f)	naȝm (m)	نجم
constelação (f)	burȝ (m)	برج
planeta (m)	kawkab (m)	كوكب
satélite (m)	qamar ṣinā'iy (m)	قمر صناعيّ
meteorito (m)	ḥaȝar nayzakiy (m)	حجر نيزكيّ
cometa (m)	muðannab (m)	مذنّب
asteroide (m)	kuwaykib (m)	كويكب
órbita (f)	madār (m)	مدار
girar (vi)	dār	دار
atmosfera (f)	al ɣilāf al ȝawwiy (m)	الغلاف الجوّيّ
Sol (m)	aʃ ʃams (f)	الشمس
Sistema (m) Solar	al maȝmū'a aʃ ʃamsiyya (f)	المجموعة الشمسيّة
eclipse (m) solar	kusūf aʃ ʃams (m)	كسوف الشمس
Terra (f)	al arḍ (f)	الأرض
Lua (f)	al qamar (m)	القمر
Marte (m)	al mirrīχ (m)	المرّيخ
Vênus (f)	az zahra (f)	الزهرة
Júpiter (m)	al muʃtari (m)	المشتري
Saturno (m)	zuḥal (m)	زحل
Mercúrio (m)	'aṭārid (m)	عطارد
Urano (m)	urānus (m)	اورانوس
Netuno (m)	nibtūn (m)	نبتون
Plutão (m)	blūtu (m)	بلوتو
Via Láctea (f)	darb at tabbāna (m)	درب التبّانة
Ursa Maior (f)	ad dubb al akbar (m)	الدبّ الأكبر
Estrela Polar (f)	naȝm al 'quṭb (m)	نجم القطب
marciano (m)	sākin al mirrīχ (m)	ساكن المرّيخ
extraterrestre (m)	faḍā'iy (m)	فضائيّ
alienígena (m)	faḍā'iy (m)	فضائيّ
disco (m) voador	ṭabaq ṭā'ir (m)	طبق طائر
espaçonave (f)	markaba faḍā'iyya (f)	مركبة فضائيّة

| estação (f) orbital | maḥaṭṭat faḍā' (f) | محطة فضاء |
| lançamento (m) | inṭilāq (m) | إنطلاق |

motor (m)	mutūr (m)	موتور
bocal (m)	manfaθ (m)	منفث
combustível (m)	wuqūd (m)	وقود

cabine (f)	kabīna (f)	كابينة
antena (f)	hawā'iy (m)	هوائي
vigia (f)	kuwwa mustadīra (f)	كوة مستديرة
bateria (f) solar	lawḥ ʃamsiy (m)	لوح شمسي
traje (m) espacial	baðlat al faḍā' (f)	بذلة الفضاء

imponderabilidade (f)	in'idām al wazn (m)	إنعدام الوزن
oxigênio (m)	uksiʒīn (m)	أكسجين
acoplagem (f)	rasw (m)	رسو
fazer uma acoplagem	rasa	رسا

observatório (m)	marṣad (m)	مرصد
telescópio (m)	tiliskūp (m)	تلسكوب
observar (vt)	rāqab	راقب
explorar (vt)	istakʃaf	إستكشف

75. A Terra

Terra (f)	al arḍ (f)	الأرض
globo terrestre (Terra)	al kura al arḍiyya (f)	الكرة الأرضية
planeta (m)	kawkab (m)	كوكب

atmosfera (f)	al ɣilāf al ʒawwiy (m)	الغلاف الجوي
geografia (f)	ʒuɣrāfiya (f)	جغرافيا
natureza (f)	ṭabī'a (f)	طبيعة

globo (mapa esférico)	namūðaʒ lil kura al arḍiyya (m)	نموذج للكرة الأرضية
mapa (m)	xarīṭa (f)	خريطة
atlas (m)	aṭlas (m)	أطلس

Europa (f)	urūbba (f)	أوروبا
Ásia (f)	'āsiya (f)	آسيا
África (f)	afrīqiya (f)	أفريقيا
Austrália (f)	usturāliya (f)	أستراليا

América (f)	amrīka (f)	أمريكا
América (f) do Norte	amrīka aʃ ʃimāliyya (f)	أمريكا الشمالية
América (f) do Sul	amrīka al ʒanūbiyya (f)	أمريكا الجنوبية
Antártida (f)	al quṭb al ʒanūbiy (m)	القطب الجنوبي
Ártico (m)	al quṭb aʃ ʃimāliy (m)	القطب الشمالي

76. Pontos cardeais

| norte (m) | ʃimāl (m) | شمال |
| para norte | ilaʃ ʃimāl | إلى الشمال |

| no norte | fiʃ ʃimāl | في الشمال |
| do norte (adj) | ʃimāliy | شمالي |

sul (m)	ӡanūb (m)	جنوب
para sul	ilal ӡanūb	إلى الجنوب
no sul	fil ӡanūb	في الجنوب
do sul (adj)	ӡanūbiy	جنوبي

oeste, ocidente (m)	ɣarb (m)	غرب
para oeste	ilal ɣarb	إلى الغرب
no oeste	fil ɣarb	في الغرب
ocidental (adj)	ɣarbiy	غربي

leste, oriente (m)	ʃarq (m)	شرق
para leste	ilaʃ ʃarq	إلى الشرق
no leste	fiʃ ʃarq	في الشرق
oriental (adj)	ʃarqiy	شرقي

77. Mar. Oceano

mar (m)	baḥr (m)	بحر
oceano (m)	muḥīṭ (m)	محيط
golfo (m)	χalīӡ (m)	خليج
estreito (m)	maḍīq (m)	مضيق

terra (f) firme	barr (m)	بر
continente (m)	qārra (f)	قارة
ilha (f)	ӡazīra (f)	جزيرة
península (f)	ʃibh ӡazīra (f)	شبه جزيرة
arquipélago (m)	maӡmūʿat ӡuzur (f)	مجموعة جزر

baía (f)	χalīӡ (m)	خليج
porto (m)	mīnāʾ (m)	ميناء
lagoa (f)	buḥayra ʃāṭiʾa (f)	بحيرة شاطئة
cabo (m)	raʾs (m)	رأس

atol (m)	ӡazīra marӡāniyya istiwāʾiyya (f)	جزيرة مرجانية إستوائية
recife (m)	ʃiʿāb (pl)	شعاب
coral (m)	murӡān (m)	مرجان
recife (m) de coral	ʃiʿāb marӡāniyya (pl)	شعاب مرجانية

profundo (adj)	ʿamīq	عميق
profundidade (f)	ʿumq (m)	عمق
abismo (m)	mahwāt (f)	مهواة
fossa (f) oceânica	χandaq (m)	خندق

| corrente (f) | tayyār (m) | تيار |
| banhar (vt) | aḥāṭ | أحاط |

litoral (m)	sāḥil (m)	ساحل
costa (f)	sāḥil (m)	ساحل
maré (f) alta	madd (m)	مد
refluxo (m)	ӡazr (m)	جزر

| restinga (f) | miyāh ḍaḥla (f) | مياه ضحلة |
| fundo (m) | qāʿ (m) | قاع |

onda (f)	mawʒa (f)	موجة
crista (f) da onda	qimmat mawʒa (f)	قمة موجة
espuma (f)	zabad al baḥr (m)	زبد البحر

tempestade (f)	ʿāṣifa (f)	عاصفة
furacão (m)	iʿṣār (m)	إعصار
tsunami (m)	tsunāmi (m)	تسونامي
calmaria (f)	hudūʾ (m)	هدوء
calmo (adj)	hādiʾ	هادئ

| polo (m) | quṭb (m) | قطب |
| polar (adj) | quṭby | قطبي |

latitude (f)	ʿarḍ (m)	عرض
longitude (f)	ṭūl (m)	طول
paralela (f)	mutawāzi (m)	متواز
equador (m)	xaṭṭ al istiwāʾ (m)	خط الإستواء

céu (m)	samāʾ (f)	سماء
horizonte (m)	ufuq (m)	أفق
ar (m)	hawāʾ (m)	هواء

farol (m)	manāra (f)	منارة
mergulhar (vi)	ɣāṣ	غاص
afundar-se (vr)	ɣariq	غرق
tesouros (m pl)	kunūz (pl)	كنوز

78. Nomes de Mares e Oceanos

Oceano (m) Atlântico	al muḥīṭ al aṭlasiy (m)	المحيط الأطلسي
Oceano (m) Índico	al muḥīṭ al hindiy (m)	المحيط الهندي
Oceano (m) Pacífico	al muḥīṭ al hādiʾ (m)	المحيط الهادئ
Oceano (m) Ártico	al muḥīṭ il mutaʒammid aʃ ʃimāliy (m)	المحيط المتجمّد الشمالي

Mar (m) Negro	al baḥr al aswad (m)	البحر الأسود
Mar (m) Vermelho	al baḥr al aḥmar (m)	البحر الأحمر
Mar (m) Amarelo	al baḥr al aṣfar (m)	البحر الأصفر
Mar (m) Branco	al baḥr al abyaḍ (m)	البحر الأبيض

Mar (m) Cáspio	baḥr qazwīn (m)	بحر قزوين
Mar (m) Morto	al baḥr al mayyit (m)	البحر الميت
Mar (m) Mediterrâneo	al baḥr al abyaḍ al mutawassiṭ (m)	البحر الأبيض المتوسّط

| Mar (m) Egeu | baḥr īʒah (m) | بحر إيجة |
| Mar (m) Adriático | al baḥr al adriyatīkiy (m) | البحر الأدرياتيكي |

Mar (m) Arábico	baḥr al ʿarab (m)	بحر العرب
Mar (m) do Japão	baḥr al yabān (m)	بحر اليابان
Mar (m) de Bering	baḥr birinʒ (m)	بحر بيرينغ

Mar (m) da China Meridional	bahr aṣ ṣīn al ʒanūbiy (m)	بحر الصين الجنوبيّ
Mar (m) de Coral	bahr al marʒān (m)	بحر المرجان
Mar (m) de Tasman	bahr tasmān (m)	بحر تسمان
Mar (m) do Caribe	al bahr al karībiy (m)	البحر الكاريبيّ
Mar (m) de Barents	bahr barints (m)	بحر بارينس
Mar (m) de Kara	bahr kara (m)	بحر كارا
Mar (m) do Norte	bahr aʃ ʃimāl (m)	بحر الشمال
Mar (m) Báltico	al bahr al balṭīq (m)	البحر البلطيق
Mar (m) da Noruega	bahr an narwīʒ (m)	بحر النرويج

79. Montanhas

montanha (f)	ʒabal (m)	جبل
cordilheira (f)	silsilat ʒibāl (f)	سلسلة جبال
serra (f)	qimam ʒabaliyya (pl)	قمم جبليّة
cume (m)	qimma (f)	قمّة
pico (m)	qimma (f)	قمّة
pé (m)	asfal (m)	أسفل
declive (m)	munhadar (m)	منحدر
vulcão (m)	burkān (m)	بركان
vulcão (m) ativo	burkān naʃiṭ (m)	بركان نشط
vulcão (m) extinto	burkān xāmid (m)	بركان خامد
erupção (f)	θawrān (m)	ثوران
cratera (f)	fūhat al burkān (f)	فوهة البركان
magma (m)	māɣma (f)	ماغما
lava (f)	humam burkāniyya (pl)	حمم بركانيّة
fundido (lava ~a)	munṣahira	منصهرة
cânion, desfiladeiro (m)	tal'a (m)	تلعة
garganta (f)	wādi ḍayyiq (m)	واد ضيّق
fenda (f)	ʃaqq (m)	شقّ
precipício (m)	hāwiya (f)	هاوية
passo, colo (m)	mamarr ʒabaliy (m)	ممرّ جبليّ
planalto (m)	haḍba (f)	هضبة
falésia (f)	ʒurf (m)	جرف
colina (f)	tall (m)	تلّ
geleira (f)	nahr ʒalīdiy (m)	نهر جليديّ
cachoeira (f)	ʃallāl (m)	شلّال
gêiser (m)	fawwāra hārra (m)	فوّارة حارّة
lago (m)	buhayra (f)	بحيرة
planície (f)	sahl (m)	سهل
paisagem (f)	manzar ṭabī'iy (m)	منظر طبيعيّ
eco (m)	ṣada (m)	صدى
alpinista (m)	mutasalliq al ʒibāl (m)	متسلّق الجبال
escalador (m)	mutasalliq ṣuxūr (m)	متسلّق صخور

conquistar (vt)	taɣallab 'ala	تغلّب على
subida, escalada (f)	tasalluq (m)	تسلّق

80. Nomes de montanhas

Alpes (m pl)	ȝibāl al alb (pl)	جبال الألب
Monte Branco (m)	mūn blūn (m)	مون بلون
Pirineus (m pl)	ȝibāl al barānis (pl)	جبال البرانس
Cárpatos (m pl)	ȝibāl al karbāt (pl)	جبال الكاربيات
Urais (m pl)	ȝibāl al 'ūrāl (pl)	جبال الأورال
Cáucaso (m)	ȝibāl al qawqāz (pl)	جبال القوقاز
Elbrus (m)	ȝabal ilbrūs (m)	جبل إلبروس
Altai (m)	ȝibāl altāy (pl)	جبال ألتاي
Tian Shan (m)	ȝibāl tian ʃan (pl)	جبال تيان شان
Pamir (m)	ȝibāl bamīr (pl)	جبال بامير
Himalaia (m)	himalāya (pl)	هيمالايا
monte Everest (m)	ȝabal ivirist (m)	جبل افرست
Cordilheira (f) dos Andes	ȝibāl al andīz (pl)	جبال الأنديز
Kilimanjaro (m)	ȝabal kilimanȝāru (m)	جبل كليمنجارو

81. Rios

rio (m)	nahr (m)	نهر
fonte, nascente (f)	'ayn (m)	عين
leito (m) de rio	maȝra an nahr (m)	مجرى النهر
bacia (f)	ḥawḍ (m)	حوض
desaguar no ...	ṣabb fi ...	صبّ في...
afluente (m)	rāfid (m)	رافد
margem (do rio)	ḍiffa (f)	ضفّة
corrente (f)	tayyār (m)	تيّار
rio abaixo	f ittiȝāh maȝra an nahr	في إتجاه مجرى النهر
rio acima	ḍidd at tayyār	ضد التيّار
inundação (f)	ɣamr (m)	غمر
cheia (f)	fayaḍān (m)	فيضان
transbordar (vi)	fāḍ	فاض
inundar (vt)	ɣamar	غمر
banco (m) de areia	miyāh ḍaḥla (f)	مياه ضحلة
corredeira (f)	munḥadar an nahr (m)	منحدر النهر
barragem (f)	sadd (m)	سدّ
canal (m)	qanāt (f)	قناة
reservatório (m) de água	xazzān mā'iy (m)	خزّان مائيّ
eclusa (f)	hawīs (m)	هويس
corpo (m) de água	masṭaḥ mā'iy (m)	مسطح مائيّ
pântano (m)	mustanqa' (m)	مستنقع

lamaçal (m)	mustanqaʿ (m)	مستنقع
redemoinho (m)	dawwāma (f)	دوّامة
riacho (m)	ʒadwal māʾiy (m)	جدول مائيّ
potável (adj)	aʃ ʃurb	الشرب
doce (água)	ʿaðb	عذب
gelo (m)	ʒalīd (m)	جليد
congelar-se (vr)	taʒammad	تجمّد

82. Nomes de rios

rio Sena (m)	nahr as sīn (m)	نهر السين
rio Loire (m)	nahr al lua:r (m)	نهر اللوار
rio Tâmisa (m)	nahr at tīmz (m)	نهر التيمز
rio Reno (m)	nahr ar rayn (m)	نهر الراين
rio Danúbio (m)	nahr ad danūb (m)	نهر الدانوب
rio Volga (m)	nahr al vulɣa (m)	نهر الفولغا
rio Don (m)	nahr ad dūn (m)	نهر الدون
rio Lena (m)	nahr līna (m)	نهر لينا
rio Amarelo (m)	an nahr al aṣfar (m)	النهر الأصفر
rio Yangtzé (m)	nahr al yanɣtsi (m)	نهر اليانغتسي
rio Mekong (m)	nahr al mikunɣ (m)	نهر الميكونغ
rio Ganges (m)	nahr al ɣānʒ (m)	نهر الغانج
rio Nilo (m)	nahr an nīl (m)	نهر النيل
rio Congo (m)	nahr al kunɣu (m)	نهر الكونغو
rio Cubango (m)	nahr ukavanʒu (m)	نهر اوكافانجو
rio Zambeze (m)	nahr az zambizi (m)	نهر الزمبيزي
rio Limpopo (m)	nahr limbubu (m)	نهر ليمبوبو
rio Mississippi (m)	nahr al mississibbi (m)	نهر الميسيسيبي

83. Floresta

floresta (f), bosque (m)	ɣāba (f)	غابة
florestal (adj)	ɣāba	غابة
mata (f) fechada	ɣāba kaθīfa (f)	غابة كثيفة
arvoredo (m)	ɣāba ṣaɣīra (f)	غابة صغيرة
clareira (f)	minṭaqa uzīlat minha al aʃʒār (f)	منطقة أزيلت منها الأشجار
matagal (m)	aʒama (f)	أجمة
mato (m), caatinga (f)	ʃuʒayrāt (pl)	شجيرات
pequena trilha (f)	mamarr (m)	ممرّ
ravina (f)	wādi ḍayyiq (m)	واد ضيّق
árvore (f)	ʃaʒara (f)	شجرة
folha (f)	waraqa (f)	ورقة

81

folhagem (f)	waraq (m)	ورق
queda (f) das folhas	tasāquṭ al awrāq (m)	تساقط الأوراق
cair (vi)	saqaṭ	سقط
topo (m)	ra's (m)	رأس

ramo (m)	ɣuṣn (m)	غصن
galho (m)	ɣuṣn (m)	غصن
botão (m)	bur'um (m)	برعم
agulha (f)	ʃawka (f)	شوكة
pinha (f)	kūz aṣ ṣanawbar (m)	كوز الصنوبر

buraco (m) de árvore	ʒawf (m)	جوف
ninho (m)	'uʃʃ (m)	عشّ
toca (f)	ʒuḥr (m)	جحر

tronco (m)	ʒiðʿ (m)	جذع
raiz (f)	ʒiðr (m)	جذر
casca (f) de árvore	liḥā' (m)	لحاء
musgo (m)	ṭuḥlub (m)	طحلب

arrancar pela raiz	iqtala'	إقتلع
cortar (vt)	qaṭa'	قطع
desflorestar (vt)	azāl al ɣābāt	أزال الغابات
toco, cepo (m)	ʒiðʿ aʃ ʃaʒara (m)	جذع الشجرة

fogueira (f)	nār muxayyam (m)	نار مخيّم
incêndio (m) florestal	ḥarīq ɣāba (m)	حريق غابة
apagar (vt)	aṭfa'	أطفأ

guarda-parque (m)	ḥāris al ɣāba (m)	حارس الغابة
proteção (f)	ḥimāya (f)	حماية
proteger (a natureza)	ḥama	حمى
caçador (m) furtivo	sāriq aṣ ṣayd (m)	سارق الصيد
armadilha (f)	maṣyada (f)	مصيدة

colher (cogumelos, bagas)	ʒama'	جمع
perder-se (vr)	tāh	تاه

84. Recursos naturais

recursos (m pl) naturais	θarawāt ṭabīʿiyya (pl)	ثروات طبيعيّة
minerais (m pl)	ma'ādin (pl)	معادن
depósitos (m pl)	makāmin (pl)	مكامن
jazida (f)	ḥaql (m)	حقل

extrair (vt)	istaxraʒ	إستخرج
extração (f)	istixrāʒ (m)	إستخراج
minério (m)	xām (m)	خام
mina (f)	manʒam (m)	منجم
poço (m) de mina	manʒam (m)	منجم
mineiro (m)	'āmil manʒam (m)	عامل منجم

gás (m)	ɣāz (m)	غاز
gasoduto (m)	xaṭṭ anābīb ɣāz (m)	خط أنابيب غاز

petróleo (m)	naft (m)	نفط
oleoduto (m)	anābīb an naft (pl)	أنابيب النفط
poço (m) de petróleo	bi'r an naft (m)	بئر النفط
torre (f) petrolífera	ḥaffāra (f)	حفّارة
petroleiro (m)	nāqilat an naft (f)	ناقلة النفط

areia (f)	raml (m)	رمل
calcário (m)	ḥaʒar kalsiy (m)	حجر كلسيّ
cascalho (m)	ḥaṣa (m)	حصى
turfa (f)	χaθθ faḥm nabātiy (m)	خثّ فحم نباتيّ
argila (f)	ṭīn (m)	طين
carvão (m)	faḥm (m)	فحم

ferro (m)	ḥadīd (m)	حديد
ouro (m)	ðahab (m)	ذهب
prata (f)	fiḍḍa (f)	فضّة
níquel (m)	nikil (m)	نيكل
cobre (m)	nuḥās (m)	نحاس

zinco (m)	zink (m)	زنك
manganês (m)	manɣanīz (m)	منغنيز
mercúrio (m)	ziʾbaq (m)	زئبق
chumbo (m)	ruṣāṣ (m)	رصاص

mineral (m)	maʿdan (m)	معدن
cristal (m)	ballūra (f)	بلّورة
mármore (m)	ruχām (m)	رخام
urânio (m)	yurānuim (m)	يورانيوم

85. Tempo

tempo (m)	ṭaqs (m)	طقس
previsão (f) do tempo	naʃra ʒawwiyya (f)	نشرة جوّيّة
temperatura (f)	ḥarāra (f)	حرارة
termômetro (m)	tirmūmitr (m)	ترمومتر
barômetro (m)	barūmitr (m)	بارومتر

úmido (adj)	raṭib	رطب
umidade (f)	ruṭūba (f)	رطوبة
calor (m)	ḥarāra (f)	حرارة
tórrido (adj)	ḥārr	حارّ
está muito calor	al ʒaww ḥārr	الجوّ حارّ

está calor	al ʒaww dāfiʾ	الجوّ دافئ
quente (morno)	dāfiʾ	دافئ

está frio	al ʒaww bārid	الجوّ بارد
frio (adj)	bārid	بارد

sol (m)	ʃams (f)	شمس
brilhar (vi)	aḍāʾ	أضاء
de sol, ensolarado	muʃmis	مشمس
nascer (vi)	ʃaraq	شرق
pôr-se (vr)	ɣarab	غرب

83

nuvem (f)	saḥāba (f)	سحابة
nublado (adj)	ɣā'im	غائم
nuvem (f) preta	saḥābat maṭar (f)	سحابة مطر
escuro, cinzento (adj)	ɣā'im	غائم

chuva (f)	maṭar (m)	مطر
está a chover	innaha tamṭur	إنّها تمطر
chuvoso (adj)	mumṭir	ممطر
chuviscar (vi)	raðð	رذ

chuva (f) torrencial	maṭar munhamir (f)	مطر منهمر
aguaceiro (m)	maṭar ɣazīr (m)	مطر غزير
forte (chuva, etc.)	ʃadīd	شديد
poça (f)	birka (f)	بركة
molhar-se (vr)	ibtall	إبتلّ

nevoeiro (m)	ḍabāb (m)	ضباب
de nevoeiro	muḍabbab	مضبّب
neve (f)	θalʒ (m)	ثلج
está nevando	innaha taθluʒ	إنّها تثلج

86. Tempo extremo. Catástrofes naturais

trovoada (f)	'āṣifa ra'diyya (f)	عاصفة رعديّة
relâmpago (m)	barq (m)	برق
relampejar (vi)	baraq	برق

trovão (m)	ra'd (m)	رعد
trovejar (vi)	ra'ad	رعد
está trovejando	tar'ad as samā'	ترعد السماء

| granizo (m) | maṭar bard (m) | مطر برد |
| está caindo granizo | tamṭur as samā' bardan | تمطر السماء برداً |

| inundar (vt) | ɣamar | غمر |
| inundação (f) | fayaḍān (m) | فيضان |

terremoto (m)	zilzāl (m)	زلزال
abalo, tremor (m)	hazza arḍiyya (f)	هزّة أرضيّة
epicentro (m)	markaz az zilzāl (m)	مركز الزلزال

| erupção (f) | θawrān (m) | ثوران |
| lava (f) | ḥumam burkāniyya (pl) | حمم بركانيّة |

| tornado (m) | i'ṣār (m) | إعصار |
| tufão (m) | ṭūfān (m) | طوفان |

furacão (m)	i'ṣār (m)	إعصار
tempestade (f)	'āṣifa (f)	عاصفة
tsunami (m)	tsunāmi (m)	تسونامي

ciclone (m)	i'ṣār (m)	إعصار
mau tempo (m)	ṭaqs sayyi' (m)	طقس سيّء
incêndio (m)	ḥarīq (m)	حريق

catástrofe (f)	kāriθa (f)	كارثة
meteorito (m)	ḥaӡar nayzakiy (m)	حجر نيزكيّ
avalanche (f)	inhiyār θalӡiy (m)	إنهيار ثلجيّ
deslizamento (m) de neve	inhiyār θalӡiy (m)	إنهيار ثلجيّ
nevasca (f)	'āṣifa θalӡiyya (f)	عاصفة ثلجيّة
tempestade (f) de neve	'āṣifa θalӡiyya (f)	عاصفة ثلجيّة

FAUNA

87. Mamíferos. Predadores

predador (m)	ḥayawān muftaris (m)	حيوان مفترس
tigre (m)	namir (m)	نمر
leão (m)	asad (m)	أسد
lobo (m)	ðiʾb (m)	ذئب
raposa (f)	θaʿlab (m)	ثعلب
jaguar (m)	namir amrīkiy (m)	نمر أمريكيّ
leopardo (m)	fahd (m)	فهد
chita (f)	namir ṣayyād (m)	نمر صيّاد
pantera (f)	namir aswad (m)	نمر أسود
puma (m)	būma (m)	بوما
leopardo-das-neves (m)	namir aθ θulūʒ (m)	نمر الثلوج
lince (m)	waʃaq (m)	وشق
coiote (m)	qayūṭ (m)	قيوط
chacal (m)	ibn ʾāwa (m)	ابن آوى
hiena (f)	ḍabuʿ (m)	ضبع

88. Animais selvagens

animal (m)	ḥayawān (m)	حيوان
besta (f)	ḥayawān (m)	حيوان
esquilo (m)	sinʒāb (m)	سنجاب
ouriço (m)	qumfuð (m)	قنفذ
lebre (f)	arnab barriy (m)	أرنب برّيّ
coelho (m)	arnab (m)	أرنب
texugo (m)	ɣarīr (m)	غرير
guaxinim (m)	rākūn (m)	راكون
hamster (m)	qidād (m)	قداد
marmota (f)	marmuṭ (m)	مرموط
toupeira (f)	χuld (m)	خلد
rato (m)	faʾr (m)	فأر
ratazana (f)	ʒurað (m)	جرذ
morcego (m)	χuffāʃ (m)	خفّاش
arminho (m)	qāqum (m)	قاقم
zibelina (f)	sammūr (m)	سمّور
marta (f)	dalaq (m)	دلق
doninha (f)	ibn ʿirs (m)	إبن عرس
visom (m)	mink (m)	منك

86

| castor (m) | qundus (m) | قندس |
| lontra (f) | quḍāʻa (f) | قضاعة |

cavalo (m)	ḥiṣān (m)	حصان
alce (m)	mūz (m)	موظ
veado (m)	ayyil (m)	أيّل
camelo (m)	ʒamal (m)	جمل

bisão (m)	bisūn (m)	بيسون
auroque (m)	θawr barriy (m)	ثور بريّ
búfalo (m)	ʒāmūs (m)	جاموس

zebra (f)	ḥimār zarad (m)	حمار زرد
antílope (m)	ẓabiy (m)	ظبي
corça (f)	yaḥmūr (m)	يحمور
gamo (m)	ayyil asmar urubbiy (m)	أيّل أسمر أوروبيّ
camurça (f)	ʃamwāh (f)	شامواه
javali (m)	xinzīr barriy (m)	خنزير بريّ

baleia (f)	ḥūt (m)	حوت
foca (f)	fuqma (f)	فقمة
morsa (f)	faẓẓ (m)	فظّ
urso-marinho (m)	fuqmat al firāʼ (f)	فقمة الفراء
golfinho (m)	dilfīn (m)	دلفين

urso (m)	dubb (m)	دبّ
urso (m) polar	dubb quṭbiy (m)	دبّ قطبيّ
panda (m)	bānda (m)	باندا

macaco (m)	qird (m)	قرد
chimpanzé (m)	ʃimbanzi (m)	شيمبانزي
orangotango (m)	urangutān (m)	أورنغوتان
gorila (m)	ɣurīlla (f)	غوريلا
macaco (m)	qird al makāk (m)	قرد المكاك
gibão (m)	ʒibbūn (m)	جيبون

elefante (m)	fīl (m)	فيل
rinoceronte (m)	xartīt (m)	خرتيت
girafa (f)	zarāfa (f)	زرافة
hipopótamo (m)	faras an nahr (m)	فرس النهر

| canguru (m) | kanɣar (m) | كنغر |
| coala (m) | kuala (m) | كوالا |

mangusto (m)	nims (m)	نمس
chinchila (f)	ʃinʃila (f)	شنشيلة
cangambá (f)	ẓaribān (m)	ظربان
porco-espinho (m)	nīṣ (m)	نيص

89. Animais domésticos

gata (f)	qiṭṭa (f)	قطّة
gato (m) macho	ðakar al qiṭṭ (m)	ذكر القطّ
cão (m)	kalb (m)	كلب

cavalo (m)	ḥiṣān (m)	حصان
garanhão (m)	faḥl al xayl (m)	فحل الخيل
égua (f)	unθa al faras (f)	أنثى الفرس

vaca (f)	baqara (f)	بقرة
touro (m)	θawr (m)	ثور
boi (m)	θawr (m)	ثور

ovelha (f)	xarūf (f)	خروف
carneiro (m)	kabʃ (m)	كبش
cabra (f)	mā'iz (m)	ماعز
bode (m)	ðakar al mā'ið (m)	ذكر الماعز

burro (m)	ḥimār (m)	حمار
mula (f)	baɣl (m)	بغل

porco (m)	xinzīr (m)	خنزير
leitão (m)	xannūṣ (m)	خنّوص
coelho (m)	arnab (m)	أرنب

galinha (f)	daʒāʒa (f)	دجاجة
galo (m)	dīk (m)	ديك

pata (f), pato (m)	baṭṭa (f)	بطّة
pato (m)	ðakar al baṭṭ (m)	ذكر البطّ
ganso (m)	iwazza (f)	إوزّة

peru (m)	dīk rūmiy (m)	ديك رومي
perua (f)	daʒāʒ rūmiy (m)	دجاج رومي

animais (m pl) domésticos	ḥayawānāt dawāʒin (pl)	حيوانات دواجن
domesticado (adj)	alīf	أليف
domesticar (vt)	allaf	ألّف
criar (vt)	rabba	ربّى

fazenda (f)	mazra'a (f)	مزرعة
aves (f pl) domésticas	ṭuyūr dāʒina (pl)	طيور داجنة
gado (m)	māʃiya (f)	ماشية
rebanho (m), manada (f)	qaṭī' (m)	قطيع

estábulo (m)	isṭabl xayl (m)	إسطبل خيل
chiqueiro (m)	ḥaẓīrat al xanāzīr (f)	حظيرة الخنازير
estábulo (m)	zirības al baqar (f)	زريبة البقر
coelheira (f)	qunn al arānib (m)	قن الأرانب
galinheiro (m)	qunn ad daʒāʒ (m)	قن الدجاج

90. Pássaros

pássaro (m), ave (f)	ṭā'ir (m)	طائر
pombo (m)	ḥamāma (f)	حمامة
pardal (m)	'uṣfūr (m)	عصفور
chapim-real (m)	qurquf (m)	قرقف
pega-rabuda (f)	'aq'aq (m)	عقعق
corvo (m)	ɣurāb aswad (m)	غراب أسود

gralha-cinzenta (f)	ɣurāb (m)	غراب
gralha-de-nuca-cinzenta (f)	zāɣ (m)	زاغ
gralha-calva (f)	ɣurāb al qayẓ (m)	غراب القيظ

pato (m)	baṭṭa (f)	بطة
ganso (m)	iwazza (f)	إوزّة
faisão (m)	tadarruʒ (m)	تدرج

águia (f)	nasr (m)	نسر
açor (m)	bāz (m)	باز
falcão (m)	ṣaqr (m)	صقر
abutre (m)	raɣam (m)	رخم
condor (m)	kundūr (m)	كندور

cisne (m)	timma (m)	تمّة
grou (m)	kurkiy (m)	كركي
cegonha (f)	laqlaq (m)	لقلق

papagaio (m)	babaɣā' (m)	ببغاء
beija-flor (m)	ṭannān (m)	طنّان
pavão (m)	ṭāwūs (m)	طاووس

avestruz (m)	na'āma (f)	نعامة
garça (f)	balaʃūn (m)	بلشون
flamingo (m)	nuḥām wardiy (m)	نحام وردي
pelicano (m)	baʒa'a (f)	بجعة

rouxinol (m)	bulbul (m)	بلبل
andorinha (f)	sunūnū (m)	سنونو

tordo-zornal (m)	sumna (m)	سمنة
tordo-músico (m)	summuna muɣarrida (m)	سمنة مغرّدة
melro-preto (m)	ʃaḥrūr aswad (m)	شحرور أسود

andorinhão (m)	samāma (m)	سمامة
cotovia (f)	qubbara (f)	قبّرة
codorna (f)	sammān (m)	سمّان

pica-pau (m)	naqqār al ɣaʃab (m)	نقّار الخشب
cuco (m)	waqwāq (m)	وقواق
coruja (f)	būma (f)	بومة
bufo-real (m)	būm urāsiy (m)	بوم أوراسيّ
tetraz-grande (m)	dīk il ɣalanʒ (m)	ديك الخلنج
tetraz-lira (m)	ṭayhūʒ aswad (m)	طيهوج أسود
perdiz-cinzenta (f)	ḥaʒal (m)	حجل

estorninho (m)	zurzūr (m)	زرزور
canário (m)	kanāriy (m)	كناريّ
galinha-do-mato (f)	ṭayhūʒ il bunduq (m)	طيهوج البندق

tentilhão (m)	ʃurʃūr (m)	شرشور
dom-fafe (m)	diɣnāʃ (m)	دغناش

gaivota (f)	nawras (m)	نورس
albatroz (m)	al qaṭras (m)	القطرس
pinguim (m)	biṭrīq (m)	بطريق

91. Peixes. Animais marinhos

brema (f)	abramīs (m)	أبراميس
carpa (f)	ʃabbūṭ (m)	شبّوط
perca (f)	farχ (m)	فرخ
siluro (m)	qarmūṭ (m)	قرموط
lúcio (m)	samak al karāki (m)	سمك الكراكي

salmão (m)	salmūn (m)	سلمون
esturjão (m)	ḥafʃ (m)	حفش

arenque (m)	rinʒa (f)	رنجة
salmão (m) do Atlântico	salmūn aṭlasiy (m)	سلمون أطلسيّ
cavala, sarda (f)	usqumriy (m)	أسقمريّ
solha (f), linguado (m)	samak mufalṭaḥ (f)	سمك مفلطح

lúcio perca (m)	samak sandar (m)	سمك سندر
bacalhau (m)	qudd (m)	قدّ
atum (m)	tūna (f)	تونة
truta (f)	salmūn muraqqaṭ (m)	سلمون مرقّط

enguia (f)	ḥankalīs (m)	حنكليس
raia (f) elétrica	raʿʿād (m)	رعّاد
moreia (f)	murāy (m)	موراي
piranha (f)	birāna (f)	بيرانا

tubarão (m)	qirʃ (m)	قرش
golfinho (m)	dilfīn (m)	دلفين
baleia (f)	ḥūt (m)	حوت

caranguejo (m)	salṭaʿūn (m)	سلطعون
água-viva (f)	qindīl al baḥr (m)	قنديل البحر
polvo (m)	uχṭubūṭ (m)	أخطبوط

estrela-do-mar (f)	naʒmat al baḥr (f)	نجمة البحر
ouriço-do-mar (m)	qumfuð al baḥr (m)	قنفذ البحر
cavalo-marinho (m)	ḥiṣān al baḥr (m)	فرس البحر

ostra (f)	maḥār (m)	محار
camarão (m)	ʒambari (m)	جمبريّ
lagosta (f)	istakūza (f)	إستكوزا
lagosta (f)	karkand ʃaik (m)	كركند شائك

92. Anfíbios. Répteis

cobra (f)	θuʿbān (m)	ثعبان
venenoso (adj)	sāmm	سامّ

víbora (f)	afʿa (f)	أفعى
naja (f)	kūbra (m)	كوبرا
píton (m)	biθūn (m)	بيثون
jiboia (f)	buwāʾ (f)	بواء
cobra-de-água (f)	θuʿbān al ʿuʃb (m)	ثعبان العشب

| cascavel (f) | afʿa al ʒalʒala (f) | أفعى الجلجلة |
| anaconda (f) | anakūnda (f) | أناكوندا |

lagarto (m)	siḥliyya (f)	سحليّة
iguana (f)	iɣwāna (f)	إغوانة
varano (m)	waral (m)	ورل
salamandra (f)	samandar (m)	سمندر
camaleão (m)	ḥirbāʾ (f)	حرباء
escorpião (m)	ʿaqrab (m)	عقرب

tartaruga (f)	sulaḥfāt (f)	سلحفاة
rã (f)	ḍifḍaʿ (m)	ضفدع
sapo (m)	ḍifḍaʿ aṭ ṭīn (m)	ضفدع الطين
crocodilo (m)	timsāḥ (m)	تمساح

93. Insetos

inseto (m)	ḥaʃara (f)	حشرة
borboleta (f)	farāʃa (f)	فراشة
formiga (f)	namla (f)	نملة
mosca (f)	ðubāba (f)	ذبابة
mosquito (m)	namūsa (f)	ناموسة
escaravelho (m)	χunfusa (f)	خنفسة

vespa (f)	dabbūr (m)	دبّور
abelha (f)	naḥla (f)	نحلة
mamangaba (f)	naḥla ṭannāna (f)	نحلة طنّانة
moscardo (m)	naʿra (f)	نعرة

| aranha (f) | ʿankabūt (m) | عنكبوت |
| teia (f) de aranha | nasīʒ ʿankabūt (m) | نسيج عنكبوت |

libélula (f)	yaʿsūb (m)	يعسوب
gafanhoto (m)	ʒarād (m)	جراد
traça (f)	ʿitta (f)	عتّة

barata (f)	ṣurṣūr (m)	صرصور
carrapato (m)	qurāda (f)	قرادة
pulga (f)	burɣūθ (m)	برغوث
borrachudo (m)	baʿūḍa (f)	بعوضة

gafanhoto (m)	ʒarād (m)	جراد
caracol (m)	ḥalzūn (m)	حلزون
grilo (m)	ṣarrār al layl (m)	صرّار الليل
pirilampo, vaga-lume (m)	yarāʿa muḍīʾa (f)	يراعة مضيئة
joaninha (f)	daʿsūqa (f)	دعسوقة
besouro (m)	χunfusa kabīra (f)	خنفسة كبيرة

sanguessuga (f)	ʿalaqa (f)	علقة
lagarta (f)	yasrūʿ (m)	يسروع
minhoca (f)	dūda (f)	دودة
larva (f)	yaraqa (f)	يرقة

FLORA

94. Árvores

árvore (f)	ʃaӡara (f)	شجرة
decídua (adj)	nafḍiyya	نفضيّة
conífera (adj)	ṣanawbariyya	صنوبريّة
perene (adj)	dā'imat al xuḍra	دائمة الخضرة
macieira (f)	ʃaӡarat tuffāḥ (f)	شجرة تفّاح
pereira (f)	ʃaӡarat kummaθra (f)	شجرة كمّثرى
cerejeira, ginjeira (f)	ʃaӡarat karaz (f)	شجرة كرز
ameixeira (f)	ʃaӡarat barqūq (f)	شجرة برقوق
bétula (f)	batūla (f)	بتولا
carvalho (m)	ballūṭ (f)	بلّوط
tília (f)	ʃaӡarat zayzafūn (f)	شجرة زيزفون
choupo-tremedor (m)	ḥawr raӡrāӡ (m)	حور رجراج
bordo (m)	qayqab (f)	قيقب
espruce (m)	ratinaӡ (f)	راتينج
pinheiro (m)	ṣanawbar (f)	صنوبر
alerce, lariço (m)	arziyya (f)	أرزيّة
abeto (m)	tannūb (f)	تنّوب
cedro (m)	arz (f)	أرز
choupo, álamo (m)	ḥawr (f)	حور
tramazeira (f)	ɣubayrā' (f)	غبيراء
salgueiro (m)	ṣafsāf (f)	صفصاف
amieiro (m)	ӡār il mā' (m)	جار الماء
faia (f)	zān (m)	زان
ulmeiro, olmo (m)	dardār (f)	دردار
freixo (m)	marān (f)	مران
castanheiro (m)	kastanā' (f)	كستناء
magnólia (f)	maɣnūliya (f)	مغنوليا
palmeira (f)	naxla (f)	نخلة
cipreste (m)	sarw (f)	سرو
mangue (m)	ayka sāḥiliyya (f)	أيكة ساحليّة
embondeiro, baobá (m)	bāubāb (f)	باوباب
eucalipto (m)	ukaliptus (f)	أوكاليبتوس
sequoia (f)	siqūya (f)	سيكويا

95. Arbustos

arbusto (m)	ʃuӡayra (f)	شجيرة
arbusto (m), moita (f)	ʃuӡayrāt (pl)	شجيرات

| videira (f) | karma (f) | كرمة |
| vinhedo (m) | karam (m) | كرم |

framboeseira (f)	tūt al 'ullayq al ahmar (m)	توت العليق الأحمر
groselheira-vermelha (f)	kiʃmiʃ ahmar (m)	كشمش أحمر
groselheira (f) espinhosa	'inab aθ θa'lab (m)	عنب الثعلب

acácia (f)	sanṭ (f)	سنط
bérberis (f)	amīr barīs (m)	أمير باريس
jasmim (m)	yāsmīn (m)	ياسمين

junípero (m)	'ar'ar (m)	عرعر
roseira (f)	ʃuʒayrat ward (f)	شجيرة ورد
roseira (f) brava	ward ʒabaliy (m)	ورد جبلي

96. Frutos. Bagas

fruta (f)	θamra (f)	ثمرة
frutas (f pl)	θamr (m)	ثمر
maçã (f)	tuffāha (f)	تفاحة

| pera (f) | kummaθra (f) | كمّثرى |
| ameixa (f) | barqūq (m) | برقوق |

morango (m)	farawla (f)	فراولة
ginja, cereja (f)	karaz (m)	كرز
uva (f)	'inab (m)	عنب

framboesa (f)	tūt al 'ullayq al ahmar (m)	توت العليق الأحمر
groselha (f) negra	'inab aθ θa'lab al aswad (m)	عنب الثعلب الأسود
groselha (f) vermelha	kiʃmiʃ ahmar (m)	كشمش أحمر

| groselha (f) espinhosa | 'inab aθ θa'lab (m) | عنب الثعلب |
| oxicoco (m) | tūt ahmar barriy (m) | توت أحمر برّي |

laranja (f)	burtuqāl (m)	برتقال
tangerina (f)	yūsufiy (m)	يوسفي
abacaxi (m)	ananās (m)	أناناس

| banana (f) | mawz (m) | موز |
| tâmara (f) | tamr (m) | تمر |

limão (m)	laymūn (m)	ليمون
damasco (m)	miʃmiʃ (f)	مشمش
pêssego (m)	durrāq (m)	دراق

| quiuí (m) | kiwi (m) | كيوي |
| toranja (f) | zinbā' (m) | زنباع |

baga (f)	habba (f)	حبّة
bagas (f pl)	habbāt (pl)	حبّات
arando (m) vermelho	'inab aθ θawr (m)	عنب الثور
morango-silvestre (m)	farāwla barriyya (f)	فراولة برّيّة
mirtilo (m)	'inab al ahrāʒ (m)	عنب الأحراج

97. Flores. Plantas

| flor (f) | zahra (f) | زهرة |
| buquê (m) de flores | bāqat zuhūr (f) | باقة زهور |

rosa (f)	warda (f)	وردة
tulipa (f)	tulīb (f)	توليب
cravo (m)	qurumful (m)	قرنفل
gladíolo (m)	dalbūθ (f)	دلبوث

centáurea (f)	turunʃāh (m)	ترنشاه
campainha (f)	ʒarīs (m)	جريس
dente-de-leão (m)	hindibā' (f)	هندباء
camomila (f)	babunʒ (m)	بابونج

aloé (m)	aluwwa (m)	ألوّة
cacto (m)	ṣabbār (m)	صبّار
fícus (m)	tīn (m)	تين

lírio (m)	sawsan (m)	سوسن
gerânio (m)	ibrat ar rā'i (f)	إبرة الراعي
jacinto (m)	zanbaq (f)	زنبق

mimosa (f)	mimūza (f)	ميموزا
narciso (m)	narʒis (f)	نرجس
capuchinha (f)	abu xanʒar (f)	أبو خنجر

orquídea (f)	saḥlab (f)	سحلب
peônia (f)	fawniya (f)	فاوانيا
violeta (f)	banafsaʒ (f)	بنفسج

amor-perfeito (m)	banafsaʒ muθallaθ (m)	بنفسج مثلث
não-me-esqueças (m)	'āðān al fa'r (pl)	آذان الفأر
margarida (f)	uqḥuwān (f)	أقحوان

papoula (f)	xaʃxāʃ (f)	خشخاش
cânhamo (m)	qinnab (m)	قنب
hortelã, menta (f)	na'nā' (m)	نعناع

| lírio-do-vale (m) | sawsan al wādi (m) | سوسن الوادي |
| campânula-branca (f) | zahrat al laban (f) | زهرة اللبن |

urtiga (f)	qarrāṣ (m)	قرّاص
azedinha (f)	ḥammāḍ (m)	حمّاض
nenúfar (m)	nilūfar (m)	نيلوفر
samambaia (f)	saraxs (m)	سرخس
líquen (m)	uʃna (f)	أشنة

estufa (f)	daffa (f)	دفيئة
gramado (m)	'uʃb (m)	عشب
canteiro (m) de flores	ʒunaynat zuhūr (f)	جنينة زهور

planta (f)	nabāt (m)	نبات
grama (f)	'uʃb (m)	عشب
folha (f) de grama	'uʃba (f)	عشبة

folha (f)	waraqa (f)	ورقة
pétala (f)	waraqat az zahra (f)	ورقة الزهرة
talo (m)	sāq (f)	ساق
tubérculo (m)	darnat nabāt (f)	درنة نبات

| broto, rebento (m) | nabta sayīra (f) | نبتة صغيرة |
| espinho (m) | ʃawka (f) | شوكة |

florescer (vi)	nawwar	نوّر
murchar (vi)	ðabal	ذبل
cheiro (m)	rā'iḥa (f)	رائحة
cortar (flores)	qataʿ	قطع
colher (uma flor)	qataf	قطف

98. Cereais, grãos

grão (m)	ḥubūb (pl)	حبوب
cereais (plantas)	maḥāṣīl al ḥubūb (pl)	محاصيل الحبوب
espiga (f)	sumbula (f)	سنبلة

trigo (m)	qamḥ (m)	قمح
centeio (m)	ʒāwdār (m)	جاودار
aveia (f)	ʃūfān (m)	شوفان
painço (m)	duxn (m)	دخن
cevada (f)	ʃaʿīr (m)	شعير

milho (m)	ðura (f)	ذرة
arroz (m)	urz (m)	أرز
trigo-sarraceno (m)	ḥinṭa sawdā' (f)	حنطة سوداء

ervilha (f)	bisilla (f)	بسلة
feijão (m) roxo	faṣūliya (f)	فاصوليا
soja (f)	fūl aṣ ṣūya (m)	فول الصويا
lentilha (f)	ʿadas (m)	عدس
feijão (m)	fūl (m)	فول

PAÍSES DO MUNDO

99. Países. Parte 1

Afeganistão (m)	afɣanistān (f)	أفغانستان
África (f) do Sul	ʒumhūriyyat afrīqiya al ʒanūbiyya (f)	جمهريّة أفريقيا الجنوبيّة
Albânia (f)	albāniya (f)	ألبانيا
Alemanha (f)	almāniya (f)	ألمانيا
Arábia (f) Saudita	as saʿūdiyya (f)	السعوديّة
Argentina (f)	arʒantīn (f)	الأرجنتين
Armênia (f)	armīniya (f)	أرمينيا
Austrália (f)	usturāliya (f)	أستراليا
Áustria (f)	an nimsa (f)	النمسا
Azerbaijão (m)	aðarbiʒān (m)	أذربيجان
Bahamas (f pl)	ʒuzur bahāmas (pl)	جزر باهاماس
Bangladesh (m)	banʒladīʃ (f)	بنجلاديش
Bélgica (f)	balʒīka (f)	بلجيكا
Belarus	bilarūs (f)	بيلاروس
Bolívia (f)	bulīviya (f)	بوليفيا
Bósnia e Herzegovina (f)	al busna wal hirsuk (f)	البوسنة والهرسك
Brasil (m)	al brazīl (f)	البرازيل
Bulgária (f)	bulɣāriya (f)	بلغاريا
Camboja (f)	kambūdya (f)	كمبوديا
Canadá (m)	kanada (f)	كندا
Cazaquistão (m)	kazaχstān (f)	كازاخستان
Chile (m)	tʃīli (f)	تشيلي
China (f)	aṣ ṣīn (f)	الصين
Chipre (m)	qubruṣ (f)	قبرص
Colômbia (f)	kulumbiya (f)	كولومبيا
Coreia (f) do Norte	kūria aʃ ʃimāliyya (f)	كوريا الشماليّة
Coreia (f) do Sul	kuriya al ʒanūbiyya (f)	كوريا الجنوبيّة
Croácia (f)	kruātiya (f)	كرواتيا
Cuba (f)	kūba (f)	كوبا
Dinamarca (f)	ad danimārk (f)	الدانمارك
Egito (m)	miṣr (f)	مصر
Emirados Árabes Unidos	al imārāt al ʿarabiyya al muttahida (pl)	الإمارات العربيّة المتّحدة
Equador (m)	al iqwadūr (f)	الإكوادور
Escócia (f)	iskutlanda (f)	اسكتلندا
Eslováquia (f)	sluvākiya (f)	سلوفاكيا
Eslovênia (f)	sluvīniya (f)	سلوفينيا
Espanha (f)	isbāniya (f)	إسبانيا
Estados Unidos da América	al wilāyāt al muttahida al amrīkiyya (pl)	الولايات المتّحدة الأمريكيّة

Estônia (f)	istūniya (f)	إستونيا
Finlândia (f)	finlanda (f)	فنلندا
França (f)	faransa (f)	فرنسا

100. Países. Parte 2

Gana (f)	ɣāna (f)	غانا
Geórgia (f)	ʒūrʒiya (f)	جورجيا
Grã-Bretanha (f)	briṭāniya al ʻuẓma (f)	بريطانيا العظمى
Grécia (f)	al yūnān (f)	اليونان
Haiti (m)	haīti (f)	هايتي
Hungria (f)	al maʒar (f)	المجر
Índia (f)	al hind (f)	الهند

Indonésia (f)	indunīsiya (f)	إندونيسيا
Inglaterra (f)	inʒiltirra (f)	إنجلترا
Irã (m)	'īrān (f)	إيران
Iraque (m)	al ʻirāq (m)	العراق
Irlanda (f)	irlanda (f)	أيرلندا
Islândia (f)	'āyslanda (f)	آيسلندا
Israel (m)	isrā'īl (f)	إسرائيل

Itália (f)	iṭāliya (f)	إيطاليا
Jamaica (f)	ʒamāyka (f)	جامايكا
Japão (m)	al yabān (f)	اليابان
Jordânia (f)	al urdun (m)	الأردن
Kuwait (m)	al kuwayt (f)	الكويت
Laos (m)	lawus (f)	لاوس
Letônia (f)	lātviya (f)	لاتفيا

Líbano (m)	lubnān (f)	لبنان
Líbia (f)	lībiya (f)	ليبيا
Liechtenstein (m)	liʃtinʃtāyn (m)	ليشتنشتاين
Lituânia (f)	litwāniya (f)	ليتوانيا
Luxemburgo (m)	luksimburɣ (f)	لوكسمبورغ

| Macedônia (f) | maqdūniya (f) | مقدونيا |
| Madagascar (m) | madaɣaʃqar (f) | مدغشقر |

Malásia (f)	malīziya (f)	ماليزيا
Malta (f)	malṭa (f)	مالطا
Marrocos	al maɣrib (m)	المغرب
México (m)	al maksīk (f)	المكسيك
Birmânia (f)	myanmār (f)	ميانمار

| Moldávia (f) | muldāviya (f) | مولدافيا |
| Mônaco (m) | munāku (f) | موناكو |

Mongólia (f)	manɣūliya (f)	منغوليا
Montenegro (m)	al ʒabal al aswad (m)	الجبل الأسود
Namíbia (f)	namībiya (f)	ناميبيا
Nepal (m)	nibāl (f)	نيبال
Noruega (f)	an nirwīʒ (f)	النرويج
Nova Zelândia (f)	nyu zilanda (f)	نيوزيلندا

101. Países. Parte 3

Países Baixos (m pl)	hulanda (f)	هولندا
Palestina (f)	filisṭīn (f)	فلسطين
Panamá (m)	banama (f)	بنما
Paquistão (m)	bakistān (f)	باكستان
Paraguai (m)	baraɣwāy (f)	باراغواي
Peru (m)	biru (f)	بيرو
Polinésia (f) Francesa	bulinīziya al faransiyya (f)	بولينيزيا الفرنسيّة

Polônia (f)	bulanda (f)	بولندا
Portugal (m)	al burtuɣāl (f)	البرتغال
Quênia (f)	kiniya (f)	كينيا
Quirguistão (m)	qirɣizistān (f)	قيرغيزستان
República (f) Checa	atʃ tʃīk (f)	التشيك
República Dominicana	ӡumhūriyyat ad duminikan (f)	جمهوريّة الدومينيكان
Romênia (f)	rumāniya (f)	رومانيا

Rússia (f)	rūsiya (f)	روسيا
Senegal (m)	as siniɣāl (f)	السنغال
Sérvia (f)	ṣirbiya (f)	صربيا
Síria (f)	sūriya (f)	سوريا
Suécia (f)	as suwayd (f)	السويد
Suíça (f)	swīsra (f)	سويسرا
Suriname (m)	surinām (f)	سورينام

Tailândia (f)	taylānd (f)	تايلاند
Taiwan (m)	taywān (f)	تايوان
Tajiquistão (m)	ṭaӡīkistān (f)	طاجيكستان
Tanzânia (f)	tanzāniya (f)	تنزانيا
Tasmânia (f)	tasmāniya (f)	تاسمانيا
Tunísia (f)	tūnis (f)	تونس
Turquemenistão (m)	turkmānistān (f)	تركمانستان

Turquia (f)	turkiya (f)	تركيا
Ucrânia (f)	ukrāniya (f)	أوكرانيا
Uruguai (m)	uruɣwāy (f)	الأوروغواي
Uzbequistão (f)	uzbikistān (f)	أوزيكستان
Vaticano (m)	al vatikān (m)	الفاتيكان
Venezuela (f)	vinizwiyla (f)	فنزويلا
Vietnã (m)	vitnām (f)	فيتنام
Zanzibar (m)	zanӡibār (f)	زنجبار

www.ingramcontent.com/pod-product-compliance
Lightning Source LLC
Chambersburg PA
CBHW070827050426
42452CB00011B/2203